当代乡村文化建设研究

李现丽 著

延边大學出版社

图书在版编目（CIP）数据

当代乡村文化建设研究 / 李现丽著. -- 延吉：延边大学出版社，2022.10
ISBN 978-7-230-04053-2

Ⅰ.①当… Ⅱ.①李… Ⅲ.①农村文化－文化事业－建设－研究－中国－现代 Ⅳ.①G127

中国版本图书馆CIP数据核字(2022)第195126号

当代乡村文化建设研究

著　　者：	李现丽
责任编辑：	张艳春
封面设计：	刘兴强
出版发行：	延边大学出版社
地　　址：	吉林省延吉市公园路977号　　邮编：133002
网　　址：	http://www.ydcbs.com　　E-mail：ydcbs@ydcbs.com
电　　话：	0433-2732435　　传真：0433-2732434
印　　刷：	三河市嵩川印刷有限公司
开　　本：	787毫米×1092毫米　1/16
印　　张：	10.25
字　　数：	200千字
版　　次：	2022年10月第1版
印　　次：	2023年1月第1次印刷

ISBN 978-7-230-04053-2

定　价：50.00元

前　言

　　文化是民族之魂，是国家的软实力，对于农村来说只有打造出健康向上的乡村文化，才能提升乡村振兴的软实力。乡村振兴要满足农民对美好精神文化生活的向往，就必须正确认识乡村文化建设在乡村振兴中的重要地位。

　　在乡村振兴战略的实施中，乡村文化建设具有不可替代的作用，渗透于农村精神文化生活的各个方面。一方面，乡村文化建设能够提升农民的综合素质，使其掌握科学技术，促进农村经济持续快速发展；另一方面，能够促进形成和谐文明的乡风，协调各种利益关系，推动农村社会的发展进步。乡村文化建设在乡村振兴中具有重要作用，但在实际开展中仍然面临许多需要解决的问题。本书从目前乡村文化建设中的突出问题着手，对新农村建设背景下的乡村文化体系构建与管理等方面进行了深入浅出的研究分析，具体内容主要包含乡村文化建设概述，当代乡村文化建设的内容、特征及目标，乡村文化建设的文化动力与思想范式，乡村文化体系的构建与保障措施，乡村公共文化空间的重构，乡村群众文化阵地建设，以及乡村文化传承与乡村旅游等。乡村文化体系建设关系到新农村建设的成功与否，本书所阐述的内容旨在提出在乡村振兴战略背景下开展乡村文化建设的有效路径，以期提升农村的文化软实力，推动我国新农村事业的进一步发展，为乡村振兴保驾护航。

目　录

第一章　乡村文化建设概述 1
第一节　乡村文化建设的相关概念 1
第二节　乡村文化建设的理论基础 10
第三节　当代乡村文化建设的重要意义 16

第二章　当代乡村文化建设的内容、特征及目标 21
第一节　乡村文化建设的内容 21
第二节　当代乡村文化建设的基本特征 25
第三节　当代中国乡村文化建设的目标 30

第三章　当代乡村文化建设的文化动力与思想范式 42
第一节　社会结构变动中乡村振兴的文化动力作用 42
第二节　文化建设赋能乡村振兴的思想范式 46

第四章　当代乡村文化体系的构建与保障措施 51
第一节　乡村公共文化服务体系建设 51
第二节　乡村社区文化的建设 56
第三节　乡村文化事业建设的保障措施 62

第五章　当代乡村公共文化空间的重构 72
第一节　当代乡村公共文化空间的发展趋势 72
第二节　当代乡村公共文化空间重构路径 79

第六章　当代乡村群众文化阵地建设 98
第一节　群众文化与乡村群众文化的内涵及特征 98
第二节　社会结构变动中乡村文化振兴的着眼点 102
第三节　乡村群众文化之于乡村振兴的重要功能 107

第四节　乡村群众文化阵地建设的内涵及要求 110

　　第五节　乡村群众文化阵地建设的政策法规精神 114

第七章　乡村文化传承与乡村旅游 119

　　第一节　乡村文化传承的路径与乡村旅游 119

　　第二节　传统文化与乡村旅游 125

　　第三节　民俗文化、非物质文化遗产与乡村旅游 139

　　第四节　乡村饮食文化、农耕文化与乡村旅游 146

　　第五节　红色文化与乡村旅游 154

参考文献 157

第一章 乡村文化建设概述

第一节 乡村文化建设的相关概念

一、文化

文化是一种复杂的社会现象,文化自觉和文化自信的建立,以及文化建设的开展都应基于对文化的正确认识,因此必须要正确审视文化的定义、特点及其分类,以促进文化的发展和繁荣。

1.文化的定义

文化的定义是在不断发展的,"文化"一词也具有越来越丰富的内涵和外延。文化的复杂性决定了很难对其进行准确的定义和概括,不同语言背景对文化的定义也有着不同的阐释。在西方,文化一词源于拉丁文,原指耕作和对作物的培育,后又发展为文明或是对思想的提炼,包括提炼出的教育、文学、艺术等各种成果,是与自然事物的存在相对应而言的。在中国,对"文化"的阐述也是古来有之。在汉语中,"文"指文字、文章,也指礼乐、制度、法律;"化"是教化、教行;"文化"则是指用礼乐、制度等教化百姓。历史上将"文"与"化"合并在一起使用是在西汉之后,西汉的刘向在《说苑》中写道,"凡武之兴,为不服也,文化不改,然后加诛",这里的"文化",有教化的含义。南齐王融在《曲水诗序》中也使用了"文化"一词,他写道"设神理以景俗,敷文化以柔远",这里的"文化"也体现了文治教化的意思。从中西方语言中"文化"一词的来源和阐释来看,"文化"一词具有相同的内涵,都是指在一定社会的人类意识形态和与之相适应的制度,是对"文化"一词的狭义理解。

广义上的"文化"则是从人类学的角度上进行解读,指人类所创造的物质和精神财富的总和及其创造的过程。一般认为广义上的"文化"一词，出现较早且具有科学意义的定义源于英国人类学家爱德华·泰勒1871年出版的《原始文化》一书。该书将"文化"定义为"包括知识、信仰、艺术、道德、法律、风俗和作为社会成员的个人通过学习获得的任何能力和习惯"。人类学家布伦尼斯洛·马林诺夫斯基对泰勒的文化定义进行了发展，在其著作《文化论》中指出，"文化是能够满足人类生存需要的社会制度，是有组织的风俗和活动体系，包容并调节着社会科学"，这是从文化的制度和功能上进行了定义。法国人类学家克罗德·列维·施特劳斯从行为模式和规范的角度对文化进行了定义，他指出"文化是在一定时期流行于一群人中的行为模式，并易与其他人群的行为模式区别开来，具有清楚的不连续性"。1952年，美国学者阿尔弗莱德·路易·克鲁伯和克莱德·克拉克洪在他们的著作《文化：关于概念和定义的检讨》中指出，1871年至1951年间，西方共出现了164条关于文化的定义，并对这些定义进行了辨析和概括，文化是由内隐和外显模式构成的，并通过象征符号进行传递，文化的核心是传统价值观念，并代表人类的显著成就，文化体系是行为的产物也是进一步行为的决定因素。亚当森·霍贝尔和艾弗莱特·福罗斯特在1976年提出的文化定义非常具有代表性，他们指出文化是通过学习所掌握的行为模式的综合体系，是社会成员表现出来的特点，而非通过生物继承产生的结果。

2.文化的特征

文化是后天学习获得而非先天继承的，具有不可遗传性。人们生活在某一特定文化中，会对本民族的文化形成一种特殊情感，即对本民族文化的认同。这种认同是通过后天学习获得的，而不是先天继承的。人类的感知器官是认识和学习文化的生理基础，所处的社会环境则是文化归属的决定因素。人们文化情感的获得过程并不是机械的，而是对文化的积累和扬弃的过程，是认识经验和架构的转变，是文化的内化形式。文化情感形成后会约束人们日常生活中的言行，并在这一过程中使人们对所处文化的理解更加深刻，文化情感也更加深厚和强烈。在同一文化氛围中，共同的文化情感使人们能够通过心灵的沟通而紧密联系在一起，对民族文化产生更大的认同，获得归属感和家园感。

文化的获得和传授是以符号为基础的，具有符号性。人类具有符号化的思维和行为方式，文化也是以符号化的形式被人们学习获得和传授的。人类创造文化的过程也是发明运用符号，并用符号来表现人类思维和行为方式的过程。文化并不是与生俱来拥有象征其特征的符号，而是人类在创造文化的过程中，将对世界的认识和对价值的理解转化为可感知的形式和行为方式，成为人们要遵循的习俗或规范。人类生活在充满文化符的环境中，就有了行为所依据的遵循，受文化制约的同时也表现出人生的价值和意义。

文化具有民族性。不同国家或民族文化的价值观存在差异性，这种差异性就是民族性。每一种文化都有其独特的价值观，在价值观的驱动下个体被凝聚在共同的价值选择中，有利于培养个体的民族认同感。但文化的民族性并不是绝对的，在文化内部也有着主流与非主流之分，也有着矛盾和冲突，存在着不和谐因素。文化是具有内部一致性的符号系统，虽然对某一价值选择的表现形式多种多样，但群体内每一种信仰、价值观念等都是文化核心主旨的实践要素。因此，文化的民族性是指处于文化内部的社会成员所表现出的相对共性，而不是绝对共性。

文化在保持稳定的同时不断变迁，具有动态性。一般来说，文化形成后都具有一个稳定的结构，如风俗和道德观念等都是稳定的，但稳定是相对的，文化在稳定的同时也在不断发展和变迁。这是因为文化并不是处于真空之中，而是与周围环境有着密切联系的活性系统，社会生产力的发展、新观念的产生、新发明的出现、政局变化和经济全球化等都是推动文化发展的重要力量。也就是说任何一种文化模式都不是一成不变的，都会随着客观环境的改变而发生变化，这种变化不以人的意志为转移，文化的发展和变迁是永恒的。20世纪后科学技术发展迅速，通信和交通技术也有了极大进步，各个国家间的经济、文化交往越来越频繁，文化之间相互影响愈发广泛和深刻，文化发展变迁的速度也越来越快。

3.文化的功能

文化是人类社会发展的重要成果，对人类文明的发展进程有着重要影响。纵观古今，文化对政治、经济、社会等领域都有着举足轻重的作用，潜在影响着人们的生活。文化的功能体现在各个方面，主要包括社会服务功能、记录功能、传播功能、教化功能、调节功能和动力功能等。

文化的社会服务功能主要体现在其能够真实反映现实社会情况和为特定阶级服务。无论是在封建社会还是资本主义社会，处于主流地位的文化都是维护统治阶级地位和经济利益的必要工具。我国所开展的中国特色社会主义文化建设也是为了维护和实现广大人民群众的根本利益，满足人民群众日益增长的文化生活需要。不同的社会性质决定了文化的服务对象和方向，但不论文化为哪个统治阶级服务，其社会服务功能都是毋庸置疑的。

记录功能是文化的重要功能之一。文字出现以前，人类通过语言进行交流和经验传授，比如流传下来的大量谚语就是古人对生活经历和经验的总结，记录了更早时期人类的历史，可以说语言是对历史进行记录的有力工具。后来人们又通过画下形象的符号对看到的内容进行记录，直到系统化的文字出现之后，对于身边事物和事件的记录越来越多，人们能够通过文字对历史进行系统和清晰的了解。除语言和文字之外，长城、故宫、京杭运河等文化遗产也记录了几个时代的文化，体现了古代劳动人民的智慧和勤劳。

文化的传播功能是指文化能够随着人类活动进行传播和交流，并在这个过程中进行更新，是文化得以发展的基本动力。文化是一个活性系统，如果没有文化间的传播和交流，文化就会缺少生机和动力，最终走向消亡。文化除了在国与国之间传播，还会在代与代之间，跨越时间进行广泛传播，比如儒家思想流传几千年仍受世界各国追捧。可以肯定地说，文化具有传播功能，不具备传播功能的就不是文化。语言、文字、文化特产等都是文化传播的手段，世界性的运动会、博览会等则为文化交流提供了平台。互联网技术的发展，提高了信息的传播速度，提升了文化传播效率，扩大了文化传播范围。

文化以教育、教化为基本目的，具有教化功能。文化是人类社会发展的重要成果，也是人与动物相区别的最显著特征，文化在与人类相互影响的过程中实现了教化功能。文化流传的目的是教育后代，人在后天的学习中，学习文化知识、提升文化素养都是教化的过程。文化的教化功能不只是通过学习来实现，更多时候也在潜在影响着人们的行为，人们的认知和思维方式都会受到所处文化的影响。先进的文化可以发挥积极的教化功能，而落后、腐朽的文化则会产生消极影响，因此应在文化传播和教化过程中去粗取精。

文化的调节功能是社会进步和发展的有力保障。人具有社会性，人不能离开社会而独自生活，但是社会中人的思想却不是完全统一的。由于每个人的需求和欲望不同，因此社会中存在着各种矛盾，如果这些矛盾得不到解决，社会状态就会混乱无序。文化对人的教化功能使人能够规范自身的行为，并通过制定道德规范和法律规范明确行为是否合法、是否合乎道德，从而调节人与人之间的关系，维护社会良好秩序，实现社会和谐发展。

文化是人类社会发展的动力，推动着人类进步和社会发展。从人类的发展历史来看，人类在其物质需求得到满足之后，认知能力和水平不断提升，使人类越来越强大。从社会发展历史来看，人类社会从原始部落到奴隶社会、封建社会，最后进入现代文明社会，社会制度也在不断地更替、完善和改进。不论是对人类自身还是人类社会，文化都是不断发展的动力，这种发展是持续的，不以任何人的意志为转移。文化的动力功能不仅体现在人类整体和人类社会的发展上，也是每个人进步的动力。文化中蕴含的价值观给每个人以理想和信念，赋予人们为理想而努力奋斗的动力。

4.文化的分类

文化的内涵丰富多样，文化的表现形式和载体也不尽相同，但在这些不同中仍然存在文化的共性，比如中西方人们都能体会到音乐的乐趣，并使之成为生活中的一部分；又如孔子的理论在其他国家也备受尊崇。这是由于人类的生活基于基本的生活需求和社会心理，将人类和社会紧密联系起来，成为文化共性的基础。共性并不代表完全一致，共性之中存在个性，不同地区和环境中产生的文化有一定差异。因此，对文化进行分类有助于更好地理解文化内涵。

通常所说的狭义文化和广义文化就是根据文化外延的不同进行分类。狭义文化是指社会的意识形态和与之相对应的制度等。具体来讲，主要包括伦理道德、宗教信仰、哲学观念、政治制度、文学艺术等各种社会意识表现形式。广义文化则是指人类在发展实践中创造物质和精神财富的过程及成果总和。从这个层面上讲，人类活动的对象都属于广义文化的范畴，包括人类生活的物质基础和上层建筑的各个方面。由于广义文化所包含的范围太广，在此层面上进行认识和开展研究有一定难度。

文化具有稳定性，但也是动态发展的，不同历史时期赋予了文化不同的内涵。因此根据文化发展变迁的时间线索，可以把文化分为传统文化和现代文化。传统文化是指在历史进程中积累并传承下来的精神文化和物质文化成果，精神文化主要包括哲学、艺术、宗教、道德、语言等，物质文化主要是建筑、服饰、器皿等。现代文化顾名思义就是指现代的先进文化，是以传统文化作为参照，在工业社会以来的现代化进程中所形成的价值观念及其物化形式。现代文化具有现代性、多元性、价值性和开放性等特点，现代文化的发展程度标志着一个国家或民族的发展水平。

不同地域、不同的自然条件和环境中形成的文化存在差异性，因此可以根据这种差异将文化划分为以国家或地域为单位的文化类型，如中国文化、美国文化、亚洲文化、非洲文化等；也可以根据不同的民族对文化进行分类，如汉族文化、藏族文化等。在一个国家内部，由于所处的自然环境不同，也会形成不同的文化习俗，如我国南北方地理和自然环境的差异，就产生了一些不同的习俗，如北方主食主要是面食，而南方主食则主要是米饭。

还有一些观点提出可以依据文化的接受层次不同，把文化划分为大众文化和精英文化；也有人认为可以根据文化受众群体所占的地位分为主流文化和亚文化。这些对文化进行分类的方法，可以使人们从不同的角度认识文化，有助于从整体上把握文化的范畴。

二、乡村文化

乡村文化建设是中国特色社会主义文化建设的重要组成部分，也是实施乡村振兴战略的重要内容。推进乡村文化建设工作，必须要深入了解乡村文化的定义，分析乡村文化的特点、功能和组成要素。

1. 乡村文化的定义

对于乡村文化的定义有许多，同文化的定义一样，乡村文化的定义也分为广义和狭义。广义上的乡村文化是指农民和农村社会活动的整体，是物质和精神财富的总和；狭义上的乡村文化则主要是指精神活动及其物化了的成果和行为方式。目前对乡村文化的研究多属于后者范畴，由于研究视角的不同，乡村文化的定义又产生了许多不同的表述。

"乡村文化"一词具有鲜明的地域性，因此一些对乡村文化的定义把地域范围作为界定乡村文化的主要因素，强调乡村文化是在农村的地域范围内形成的，并与城市文化相对应进行比较研究。乡村文化是一种地域文化，是生活在农村地域的人群在实践活动中创造的文化现象，并在农村地区广泛流传，是对农村生活的总体描述，也是非物质文化遗产的重要内容。可以看出，从地域视角对乡村文化进行的定义更加强调区域上的农村范围，因此从这一角度也可将乡村文化理解为农村文化。

农民是农村的主体，也是乡村文化的主体。从农民的主体性视角出发，一些学者对乡村文化的定义更加强调农民群体这一要素。随着城镇化的不断推进，大量农民进入城市工作和生活，农村进入社会转型期，农民与农村的关系也发生了深刻变化。基于这一社会现实，很多学者认为如果仅仅从农村的地域范围对乡村文化进行定义是不全面的，不能准确反映农村社会的变迁，提出要以农民作为乡村文化界定的主要因素，强调农民的主体性。有学者认为乡村文化是在特定的经济和社会条件下产生的以农民为主体的文化，反映了农民的思想观念、认知方式、处世态度和生活方式等，是农民人格特征和文明程度的反映。还有学者用更加简练的表述方式强调了农民的主体性，提出乡村文化是农民特有的价值观念、生活方式和行为规范。从农民主体性的角度来讲，乡村文化一定程度上等同于农民文化。

乡村文化归根结底仍然属于文化范畴，因此一些学者把对乡村文化定义阐释的重点放在文化上，从文化的静态和动态上进行解读。有学者把乡村文化分为静态和动态两类，并分别进行了阐述：静态的乡村文化是指带有显著民族和民间特征的各种文化，包括农村群众的生活习惯、宗教信仰、衣着服饰、民族歌舞等；动态的乡村文化包括民间文化的保护和传承情况、民众文化生态、衣食住行等状况。

尽管学者们对乡村文化认识的角度不同，对其定义的表述方式不一，但从这些定义中可以总结出乡村文化的基本内涵，并对乡村文化进行一个综合性的定义。乡村文化是在农村地域范围内形成的，以农民为主体，以农村社会作为主要载体，相对于城市文化存在的涵盖农村、农民、农业的地域文化。

2.乡村文化的特点

乡村文化是文化的一种存在形态，因此它也具有文化的一般特点。但乡村文化是在农村地域内形成的以农民为主体的文化，农村在地理条件、经济和社会发展等方面与城市不同，因而乡村文化又具有与城市文化或其他文化不同的特点。

乡村文化的特点主要表现为鲜明的地域性、民间性、非营利性和传承性。地域性就是指乡村文化是当地风土人情的反映，具有鲜明的地方色彩。农民以家族为单位聚村而居，这种以村落为单位的生活方式和以农业为主的生产方式决定了乡村文化的形成与其生存的环境息息相关。从历史进程上来看，我国农村在很长一段时期内都处于封闭状态，与外界交流较少，长期重复着"日出而作，日落而息"的生产和生活方式，致使所形成的农业文化具有强烈的地域色彩。不同地域的自然和人文环境，孕育了多样的乡村文化，俗语讲"百里不同俗，十里不同音"就是乡村文化地域性的体现。民间性是指乡村文化活动的开展多是由民间自发组织的。农民是乡村文化的主体，但是其文化水平却普遍不高。相对于深奥的文化，简单易懂的大众文化形式更易被农民接受，因此农村的文化活动更加直观，所开展的文化活动形式也更加多样，没有特定的活动场所和规定的时间。非营利性是指乡村文化活动的开展不以营利为目的，多是农民自娱自乐的生活方式。正是由于乡村文化的非营利性，才使乡村文化具有众多的参与者。传承性是指乡村文化中的一些文化形式主要是以口传心授的方式进行传承，如秧歌、皮影等文化活动都是通过这种方式流传至今。

3.乡村文化的构成

乡村文化是包含价值观念、规范体系、语言和符号等多种要素的文化系统，这些要素以农业经济为基础，地缘关系为纽带，舆论和情感为手段，共同构成了乡村文化。

价值观念是乡村文化的核心要素，是对事物和行为进行评价的标准，对农民生活目标和生活方式的选择具有决定性作用。在长期的农业生产和生活实践中，农民群体形成了特定的价值观念，并通过行为方式、语言及其他符号反映出来。规范体系主要包括风俗习惯、村规民约、规章制度和法律条文等，能够对群体的行为进行规范，是价值观念的具体表现形式。语言和符号则在乡村文化的形成过程中起着沟通交流和储存积淀的作用，是文化形成的重要条件。通过语言和符号的运用进行生产和实践活动，创造多样的文化，也是人类所特有的属性。

农业经济是构成乡村文化的基础。农业生产在中国具有悠久历史，长久以来都是农村最主要的生产方式。在很长一段时期内，农业生产受自然环境影响较大，生产状况主要依赖于自然条件，农产品主要用来满足自身生活需求而不是出售。农业生产方式的这些特点决定了农民的生活状况，物质条件基础进一步决定了农民的认识和思维方式、价值观念等。农业生产方式也决定了农民以村落为单位聚居的居住形式，形成了村庄聚居的生活格局。总的来说，农业经济基础决定了乡村文化的基本特征。

出生或居住在同一区域的人们之间的人际关系就是地缘关系。在村落中，聚居的生活方式带来了稳定、牢固的地缘关系，是构成乡村文化的纽带。地缘关系在人类社会形成初期就已经存在，但人类早期狩猎游牧的生活方式使得此时的地缘关系具有不稳定和临时性的特点。农业生产出现后，以土地为生产基础的农业经济使人类从游牧走向村落定居，地缘关系趋于稳定、牢固，成为乡村文化形成的纽带。

舆论和情感是乡村文化控制不良行为的有效手段。农村社会由相对独立的农村村落构成，而村落相对城市社区来说普遍较小，如果其中有人的行为不符合道德或风俗，就会被其他村民或邻居发现，招致议论。在农村社会中，道德、风俗、村规民约是村民普遍认可的价值观念和行为准则，如果有人违反则会给个人或家庭甚至家族带来负面影响，在舆论监督和影响下村民会自觉规范自身行为，舆论也成为控制不良行为的有效手段。农村的社会关系处于以人与人之间情感为基础的阶段，决定了对村民行为制约的力量除道德、风俗、村规民约外还有来自村民之间的情感，人为影响作用强烈。因此，带有浓烈感情色彩的舆论和情感共同制约着人们的行为，是控制不良行为的重要手段。

4.乡村文化的功能

乡村文化的功能体现在其对农民个体、农民群体和农村社会各个层面所发挥的作用。对于农民个体来说，乡村文化在塑造人格和价值观念培育中有重要作用，具有教化功能；对农民群体来说，乡村文化能够起到规范和引导群众行为的作用，发挥着整合功能；对农村社会来说，乡村文化是社会发展的强大精神动力，发挥着推动功能。同时，由于乡村文化的民间性和群众性，还发挥着审美娱乐功能。

乡村文化能够帮助农民树立生活目标，培养农民的价值观念，塑造新的人格，具有鲜明的教化功能。农村社会正在经历深刻的转型，农民的思想认识也在发生深刻变化，因此就必须要认真研究群众的价值取向和文化心理，对症下药。在社会主义的建设过程中，乡村文化中的传统美德能够引领群众创造良好道德风尚，但是传统文化中的一些落后部分也需要群众加强道德判断能力。乡村文化的丰富内涵，能够对农民进行思想政治教育和理想道德教育，使农民正确认识自身的社会角色，并将这种认识转化为强烈的责任感，进而树立正确的价值观念。

乡村文化是包括道德规范、村规民约和法律等内容在内的综合性的评价文化，发挥着重要整合作用，能够维持农村社会秩序的稳定。市场经济在农村的深入发展，对农民的行为生活规范提出了新的要求。乡村文化在对农民进行思想政治教育和理想道德教育的基础上，能够通过行为规范、村规民约等对群众进行行为教育，形成符合时代要求的生活和行为方式，并协调各种矛盾和冲突，维持家庭和农村社会的稳定。

经济基础是文化的决定性因素，文化也在一定程度上能够促进经济和社会发展。在农村，文化对经济社会发展的推动作用更加明显。乡村文化可以帮助农民树立新的市场经济观念、科学致富观念、法治观念、竞争意识和正确的消费观，提高农民的个人致富能力和集体意识，加快社会主义新农村建设进程。农村经济发展状况，还取决于农民的素质，培养有文化、有技能的新时代农民是一项重要课题。乡村文化一方面能够培养农民的文化素质，另一方面可以提高农民的技术能力，为农村的经济建设提供智力支持。

乡村文化的内容和形式丰富多样，具有民间性和群众性，这些特点使乡村文化的审美和娱乐功能更加突出。审美和娱乐是文化活动最基础的功能，乡村文化也先天具有审美娱乐功能，如民间故事、民间歌谣、刺绣、泥塑、年画、石雕等都是其具体的表现形式。乡村文化的审美和娱乐功能，能培养农民群众的创造精神，使其形成新的生活方式；能改善农民群众的精神面貌，使其以全新的姿态参与到农村的发展和建设中。

第二节 乡村文化建设的理论基础

一、中国传统文化中的文化建设思想

中国传统文化内容丰富，其产生源于劳动人民的日常生活和生产实践，充满了劳动人民的无穷智慧。文化是由劳动人民创造的，文化的特点与所处的自然环境也息息相关，对于中国传统文化的研究也必然不能脱离中国的地理和自然环境。从世界版图上看，中国位于亚洲的东部、太平洋的西岸，东部地区沿海，西部地区深入亚欧板块内陆，平原、丘陵、高原、盆地等各种地形兼具。我国地形和自然环境的多样性造就了传统文化鲜明的地域性和民族特点，如东部地区地形主要以平原为主，气候适宜，是主要的农业区，在长期的农业生产中形成了农耕文化；西北地区降水较少，主要以游牧为主，产生了游牧文化。农耕文化和游牧文化都是中国传统文化的组成部分，它们同时存在又互相补充。由于东部地区的地理环境优越，且经济发展水平也远高于西部地区，因此在中国传统文化中农耕文化占据主导地位，中国传统观念中所理解的"天下"也是以平原地区为中心。在中国古代，传统的农业经济和农耕文化占据主导地位，因此其文化中更加强调农业的内容，如"以农为本"和"重农抑商"等思想，加速了中国农业文明走向辉煌。

在中国历史上，"文化"一词最初是指各种颜色交错叠加的纹理图案，有纹饰、文章之意。在《说文解字》中将"文"字解释为"错画也。象交文"，包括文字、礼仪制度和其他象征性符号。"化"字原指造化、变易等状态、性质的改变，后又引申为培养、改造，如"教化""潜移默化"。在中国传统文化形成过程中，影响力较大的是儒家、道家和释家，但对于文化的认识都是与野蛮对立，具有积极、教化和正义的内容。在传统文化中，文与武相对立，但也和谐统一、相辅相成，是治国策略刚柔并济的体现。中国传统文化对于文化建设的作用，有很多种见解。总体来看，这种作用可以通过《周易》中的两句话来概括，即"天行健，君子以自强不息；地势坤，君子以厚德载物"。这两句话蕴含了积极向上的力量、伦理含义和政治体现。

二、马克思主义经典作家乡村文化建设理论

中国共产党是以马克思主义为指导的政党,不论是在革命时期还是在社会主义建设的实践中,始终坚持马克思主义思想的指导地位。马克思主义经典作家关于乡村文化建设的理论主要包括马克思恩格斯的文化理论、列宁的乡村文化建设思想和毛泽东的乡村文化建设思想,是我国开展乡村文化建设工作的重要理论来源。

1.马克思恩格斯文化理论的主要观点

马克思、恩格斯没有对"文化"一词的概念进行明确的界定和阐释,也没有普遍应用"文化"的概念,但是他们从社会整体性的视野对"精神生产""社会意识""意识形态"等概念进行探讨,建立起了马克思恩格斯文化理论体系。

在19世纪40年代马克思主义产生之前,资产阶级思想家强调理性主宰世界,是精神性的世界本原。比如黑格尔提出"理性是世界的主宰,世界历史是因此产生的'自由'意识的进程",奈戴托·克罗齐认为"人类精神的历史就是世界的历史",都是对这一观点的代表性阐述。马克思主义则认为物质生活的生产方式决定社会生活、政治生活和精神生活的一般性进程,社会存在决定社会意识,社会意识又可以作用于社会存在。马克思恩格斯的历史唯物主义把文化建立在经济活动的物质基础之上,认为如果脱离物质和社会基础,文化建设就会脱离客观实际。同时,马克思、恩格斯还对文化的价值进行了深刻探讨,明确了进行文化建设的重要意义。马克思指出,"理论只要说服人,就能掌握群众;而理论只要彻底,就能说服人","物质的力量只能用物质力量摧毁,但理论一经掌握也会成为物质力量"。这些论述充分说明了文化所具有的巨大能量,文化有构建一切的力量,同时也有摧毁一切的力量。文化是具有规律性的,马克思认为文化是对社会物质形态的反映,其内容具有现实基础,不以某个人的意志为转移。文化还具有传承性,恩格斯指出,"历史思想家在每一个科学领域中都有一定的材料,这些材料是从以前各代人的思维中独立形成的,并且在这些世代相承的人头脑中经过了独立的发展道路"。

2.列宁乡村文化建设思想的基本观点

列宁从苏俄乡村文化异常落后的具体实际出发,对农村的文化建设进行了系列探索,形成了关于乡村文化建设的思想体系。列宁的乡村文化建设思想阐明了在苏俄农村进行文化建设的重要性,并提出了促进乡村文化建设的路径和实践措施,是对马克思恩格斯文化理论的补充和发展,对于经济发展相对落后的社会主义国家开展乡村文化建设,具

有重要借鉴和指导意义。

十月革命取得胜利后，苏维埃政权建立，面对经济文化落后的现状，列宁把乡村文化建设工作提上了重要日程。这是由乡村文化建设工作的重要性决定的，这些重要性主要表现为对经济建设、民主政治和社会发展的促进作用。苏维埃政权建立后，俄国乡村文化的落后不利于农业技术的普及和合作社的发展，严重制约了社会主义建设的开展。列宁对这一问题有深刻认识，他指出"完全合作化这一条件本身就包含着农民（正是人数众多的农民）的文化水平的问题，就是说，没有一场文化革命，要完全合作化是不可能的"。列宁认为苏维埃政权只有在农村开展文化建设工作，才能使农民的文化素质得到较大提高，踊跃参加合作社，从而推动经济的建设和发展。苏维埃政权实行的社会主义制度代表全体人民的根本利益，具有制度的先进性和优越性。苏维埃的机构从理论上来讲是全体劳动者都可以参加的，但由于俄国工农群众文化的落后，使他们无法参与国家的管理工作，制约了这种优越性的发挥和体现。面对这种现实情况，列宁强调仅仅扫除文盲是不够的，还要使人们具有同贪污受贿、拖拉作风等做斗争的文化素养。因此，要实现真正意义上的人民民主，就要大力开展乡村文化建设，提高农民参政、议政的能力，推进社会主义民主政治进程。在苏俄农村地区，农民受腐朽思想影响严重，对现代文明理念不理解、不接受。为改变这一状况，列宁指出，发展农村教育是农村同旧社会遗留的愚昧、不文明等做斗争的重要手段。只有农民阶级的教育程度提高了，才能使整个国家摆脱不文明状态，促进社会的文明进步。

列宁从苏俄农村的实际情况出发，提出了促进乡村文化建设的一系列措施和具体路径，主要包括构建全方位的农村教育体系和强化城乡互助机制。苏俄从开展扫盲活动、加大教育投入、发展社会教育等方面入手，建立了全方位的农村教育体系。文盲是制约乡村文化建设开展的一大障碍，苏维埃政府颁布了扫除文盲的法令，并开展了一系列具体工作，如成立扫盲学校、成人学校、夜校等教育机构，为乡村文化建设奠定了基础。列宁高度重视教师在教育工作中的地位，认为教师是农村教育发展的重要力量，要把教师的地位提高到从来没有的高度。他还要求要保证有足够的教育经费，即使财政困难也要想方设法加大农村教育的投入。列宁主张除农村学校教育外，还要积极采取各种措施发展社会教育。1918年6月，在列宁建议下颁布的《保护图书馆及其藏书的管理条例》，要求每个农村都建设一个阅览室，对农民文化水平的提升起到了积极促进作用。列宁还强调要通过发行新闻报纸、工农读物、创作文艺作品、拍摄电影等形式完善农村的社会教育体系。

苏俄农村经济文化发展落后，且人口占全国总人口的绝大多数。在乡村文化建设过程中，强化城乡的互动机制，发挥城市优势作用，是路径选择之一。列宁从苏俄的基本国情出发，提出了强化城乡互动的设想：一是城市的工人团体到农村参与学习和实践。城市的工人阶级与农民阶级相比，文化素质整体较高，工人下乡可以将先进的思想理念传播到农民中去，有助于农民文化素质的提高。二是城市和农村的党支部一对一挂钩，实现对口支援。城市的党支部从人员构成、综合素质等方面都比农村党支部有相对优势，挂钩支援能够为乡村文化建设提供更加坚强的组织保障。三是杜绝下乡团体官僚主义倾向，促进城乡文化建设常态化。列宁强调下乡学习实践的工人团体要从农村的具体实际出发，杜绝出现官僚主义倾向，要实现城乡间的友好共建。同时，列宁指出城乡的文化共建、城市党支部对乡村文化建设的指导要具有系统性、自觉性和计划性，实现城乡文化共建的常态化，加快乡村文化建设进程。

三、毛泽东乡村文化建设思想

毛泽东在领导中国人民进行解放斗争和社会主义建设的过程中，对中国乡村文化建设情况进行了深入研究，以马克思列宁主义为指导，结合中国的革命和建设实践，提出了一系列乡村文化建设思想。毛泽东的乡村文化建设思想包含了基本原则、发展方向、主要力量和基础方式等方面，对当前乡村振兴战略下的乡村文化建设工作仍有重要指导意义。

1. 毛泽东乡村文化建设思想的基本原则

在革命和建设实践过程中，确定了乡村文化建设要以马克思主义为指导，正确处理好经济、政治和文化三者关系的基本原则。

马克思主义是不断被实践证实的科学、开放、先进的理论体系，在与中国实践相结合的过程中必然能够产生适合中国发展的独特的理论体系。十月革命后马克思主义传入中国，毛泽东便与其他进步青年一起创办书社，翻译和传播马克思主义，在社会中产生了很大影响。在之后的革命生涯中，毛泽东也始终坚持以马克思主义为指导，同非马克思主义观点做坚决斗争，巩固马克思主义理论阵地。人民是历史的创造者，只有坚持依靠人民，充分发动人民，才能取得斗争的胜利。但由于农民阶级的狭隘性、盲目性和迷信等缺点，要使他们成为主要的革命力量必须要用马克思主义理论教育农民。毛泽东充分运用马克思主义认识论和唯物辩证主义，注重在农村发展文化，正确处理了保障群众生产生活与发展先进文化之间的关系。

马克思主义唯物史观认为社会存在决定社会意识，社会意识是社会存在的反映，能够反作用于社会存在。文化本质上是社会意识的范畴，是社会经济和政治形态的反映，并为经济和政治服务。毛泽东对文化的本质和作用有着充分认识，他指出文化是对某一社会经济、政治状况的反映，能对经济和政治发展产生巨大影响，先进的文化能够起到积极的促进作用，反之则会制约经济和政治的发展。基于这一认识，毛泽东从辩证唯物主义和历史唯物主义的角度，对经济、政治和文化三者之间的关系进行了深刻探讨。毛泽东认为经济的发展需要文化、政治的协同作用，要实现战略目标就要处理好经济、政治、文化之间的关系。开展乡村文化建设工作也是如此，要保证三者之间的协调发展。

2.乡村文化建设的发展方向

乡村文化建设要为革命斗争服务。农民是革命斗争的重要力量，要取得革命胜利必须要有农民阶级的广泛参与。但由于农民阶级的局限性，必须要用先进的文化进行教育，在农村开展文化建设。在封建的旧中国，只有地主阶级有机会接受文化教育，这种文化是服务于少数统治阶级的，因此农民要接受教育就必须要建设自己的文化。在对中国革命实际进行深刻分析后，毛泽东针对性地提出了不同时期的乡村文化政策，为推动革命发展奠定了基础。

乡村文化建设要服务于农民群众，以满足农民的精神文化需求为目标。文化是一种社会意识形态，并能够作用于社会，对社会发展产生影响。农民是乡村文化建设的主体，因此乡村文化建设也必须要为农民服务，始终站在人民立场。毛泽东在深刻理解马克思主义关于文化建设思想的基础上，指出乡村文化建设要满足农民的精神文化需求，这也是乡村文化建设的发展方向。

乡村文化建设要发挥巩固马克思主义阵地的重要作用。近代中国人民遭受着帝国主义、封建主义和官僚资本主义三座大山的压迫，中国社会也处在剧烈的动荡之中。毛泽东受到马克思主义的影响，成为最早的马克思主义者之一，他的文化观也以马克思主义为指导，对封建文化进行强烈批判，并创办《湘江评论》，宣传新思潮和新文化。在新中国成立初期，农村还有一些封建、落后的思想残余，为此毛泽东提出要在农村宣传马克思主义，清除封建、落后思想残余，使马克思主义价值观在农村占据主导地位。乡村文化建设要坚持以马克思主义为指导，发挥巩固马克思主义理论阵地的重要作用，推进乡村文化建设向正确方向发展。

3. 乡村文化建设的主要力量

毛泽东认为农民是中国文化运动的主要受众,也是乡村文化建设要依靠的主要力量。1945年,毛泽东在《论联合政府》中指出,农民是现阶段中国文化运动的主要对象,普及教育和大众文艺不能脱离农民,并要求广大革命知识分子应到农村中去,帮助农民提高觉悟,将农民组织起来为农村民主革命而奋斗。但毛泽东始终强调对农民的思想文化教育,不能仅仅要依靠外部力量,还要依靠农民自身,这一观点在毛泽东的诸多论述中都有所体现。1927年,毛泽东就在《湖南农民运动考察报告》中指出,"菩萨是农民立起来的""菩萨要农民自己去丢"。1944年10月,毛泽东又在《文化工作中的统一战线》中指出,必须要告诉群众自觉同文盲、迷信、不卫生等习惯做斗争。1955年,毛泽东在《中国农村的社会主义高潮》的按语中指出,成立合作社之后,农民由于经济上的需要迫切要求学习文化,同样因为成立了合作社,有了集体力量,农民就可以自己组织起来学习文化。

要发动和依靠农民,就要解决农民自身的思想认识问题,加强农民的思想政治教育,提高农民的政治觉悟。毛泽东指出对农民进行思想政治教育,不仅是党思想政治工作的重要内容,也是乡村文化建设的重要任务。1949年6月,毛泽东在《论人民民主专政》中指出:"严重的问题是教育农民。农民的经济是分散的,需要很长时间和细心工作,才能实现农业社会化。没有农业社会化,就没有全部的巩固的社会主义。"1955年,在农村合作化运动过程中,毛泽东又强调开展合作社必须要做好政治工作,而政治工作的基本任务就是向农民灌输社会主义思想。1957年3月,毛泽东发表的《同文艺界代表的谈话》中指出,对人民的教育是长期过程,不能用专制、武断的办法,要以先进文化教育、说服人民。

4. 乡村文化建设的基础方式

农民科学文化水平的提高是乡村文化建设的必要条件,因此对农民普及科学文化教育、推广农业科学技术既是毛泽东乡村文化建设思想中的重要内容,也是乡村文化建设的基础方式。基于这一重要认识,各级政府采取一系列措施对农民进行科学文化教育以扫除文盲,并推广农业科学技术。

农民是农业的生产者,农民群体的科技水平对农业生产效率有很大影响。从旧中国走来的农民科技知识普遍匮乏,阻碍了农村经济的发展,不利于革命和社会主义建设进程的推进,因此必须要在农村推广农业科技,促进农业生产。在土地革命时期,毛泽东就提出在根据地开设农业研究学校,改良农作物品种,建立农业试验田,以提高农作物产量。在抗日战争时期,毛泽东更加注重发展农业科技。1941年,毛泽东提议将推广农业科技知识写入陕甘宁边区政府的施政纲领。新中国成立后,毛泽东又指出,实现农业的现代化和机械化,要求农民必须具备相应的文化水平和科技知识。他要求在中小学教育内容中增加农业科技知识,并将扫盲运动与学习农业技术结合起来。1958年,毛泽东在我国农民群众的实践经验和科技成果的基础上,提出了八项农业增产技术措施即"八字宪法",对实现科学种田起到了积极作用。

第三节　当代乡村文化建设的重要意义

实施乡村振兴战略就是要优先发展农业农村,因此持续开展并加强乡村文化建设成为乡村振兴过程中的一项重要课题。中国五千年来的文化是农村主导的文化,农村是中国文化的根脉所在。习近平同志在《为老百姓留住鸟语花香田园风光》中指出"乡村文明是中华民族文明史的主体,村庄是这种文明的载体,耕读文明是我们的软实力",乡村文化建设的重要意义不言而喻。

一、乡村文化建设是乡村振兴的重要内容

乡村振兴是在"产业兴旺、生态宜居、乡风文明、治理有效、生活富裕"的总要求下推进的,包括乡村的产业振兴、生态振兴、文化振兴、组织振兴、人才振兴等多个方面的具体内容。乡村振兴的推进需要文化提供不竭的精神动力,乡村振兴总体要求的实现也需要通过文化建设来统筹。

1. 农村优秀传统文化的传承与发展是乡村振兴的有力措施

在五千年的发展历程中,中华民族用勤劳、智慧、勇敢的精神品质创造了历史悠久的传统文化。传统文化既包含淳朴仁厚的民俗风气,也有朴素的道德观、淡然的生活态度和良善的交往原则,这些优秀的文化品质都是在追求和谐的农耕文明土壤中孕育而成的。在中华民族的发展史中,很长一段时期内农耕文明占据主导,因此农村传统文化中

所倡导的价值理念、道德伦理等与优秀传统文化的价值追求是一致的。可以说中华传统文化以乡村为本，传统文化是农村民众的精神基因，是农村社会的基础底色。农村传统文化在时代的转换中依然保持着其优秀的文化特质，留下了丰富而珍贵的文化遗产，对当今社会和经济发展仍具有重要意义。但是也要看到，农村的优秀传统文化仍然是农耕文明的产物，其中一些内容与当前时代的发展不匹配，必须要进行转化和创新。乡村振兴旨在推动农村社会顺应时代发展潮流，构建符合时代需要的社会环境，实现从传统到现代的转变，必然要求农村优秀传统文化既得到保护性传承，又顺应时代创新性发展。

2.现代化重塑的乡村文化核心价值观是乡村振兴的价值引领

改革开放四十多年来，我国经济和社会有了飞跃式发展，农村社会也在经历深刻变革，农业农村向现代化方向发展，乡村文化也在以更加丰富的形式积极融入现代化进程。乡村文化在农耕文明时期指导了人们的生活和生产实践，在工业文明时期也给予人们以启迪，在乡村振兴战略实施的当下，乡村文化由于其独特的内涵和特质也必将发挥引领作用。乡村振兴旨在推动乡村社会的全面发展和现代化，其中人的发展和现代化又处在核心地位。实现人的全面发展，思想文化的进步、精神境界的提升是关键，对指导文化价值观的现代化重塑是必经之路。进入新时代，乡村文化建设中农村落后的思想观念、对乡村文化价值认知的偏差阻碍了乡村文化的现代化发展，因此对乡村文化核心价值观的现代化重塑就成了乡村振兴的重要目标。在乡村文化中核心价值观是灵魂，现代化重塑的乡村文化核心价值观能够为乡村文化建设指明发展方向，建立农村社会的主流价值导向，成为乡村振兴过程中的价值引领。一方面能够引导农村群众进行正确的价值选择，贯彻乡村振兴以人为中心的发展理念，增强民众对中国特色社会主义的文化认同；另一方面能够引领农村社会发展方向，增强发展的全面性和现代性，促进乡村振兴总要求的实现。

3.乡风文明是乡村振兴的文化追求和重要保障

乡风文明属于乡村精神文明建设的范畴，涵盖了风俗、思想、道德等各个方面，具体表现为农村群众文化素质、精神面貌、道德要求的不断提升，在农村社会形成崇尚科学、积极向上的良好风气。乡风文明能为农村社会构建良好环境，有利于农村社会的和谐稳定。在乡村振兴战略中，乡风文明是对乡村文化建设的总要求，体现了乡风文明在文化振兴中的统领性地位，有助于引导农民养成现代化的生活方式，培育新型农民，从而营造和谐的社会氛围。因此，乡村文化建设工作必须要注重乡风建设，以乡风文明为重要标准，弘扬社会主义核心价值观，抵制腐朽的封建落后文化，为实现乡村振兴提供重要保障。建设文明乡风,要加大生态文明思想宣传力度,注重农村环境治理,增强农民生态环境意识,改善农民居住环境和乡村文化环境。要充分发动农民群众,发挥农民在乡风建设中的主体作用,可以通过举办文化活动等提高农民的参与热情,提升对乡村文化建设的认同,发扬良好家风家训等传统美德,构建和谐乡风和淳朴民风。乡村文化建设是实现乡风文明的必要途径,有利于美丽乡村建设和产业兴旺的实现,保障乡村振兴战略的顺利实施。

二、乡村文化建设是实现社会主义现代化的应有之义

乡村振兴是实现社会主义现代化的重要组成部分,乡村文化建设作为乡村振兴的重要内容,也是实现社会主义现代化的应有之义。

1.乡村文化建设是发展社会主义先进文化的关键

建设社会主义文化强国必须要发展社会主义先进文化,乡村文化建设是当前发展先进文化的短板,也是补齐短板的关键。改革开放以来,我们党始终将文化建设作为党和国家工作的重要战略任务。党的十七届六中全会将文化建设作为全会议题,并通过了《中共中央关于深化文化体制改革推动社会主义文化大发展大繁荣若干重大问题的决定》,指出要以科学发展观为统领,把文化的繁荣发展作为党执政兴国的重要内容,深化文化体制改革,不断提升文化的创造力,发展面向现代化、面向世界、面向未来的社会主义先进文化,增强我国的文化软实力。党的十八大以来,党中央对文化建设工作更加重视。2014年10月,习近平同志在参加文艺工作座谈会时指出:"没有先进文化的积极引领,没有人民精神世界的极大丰富,没有民族精神力量的不断增强,一个国家、一个民族不可能屹立于世界民族之林。"党的十九大报告强调了文化对国家和民族发展的重要意义,并指出要增强意识形态领域的主导权、话语权,推动优秀传统文化的创造性转化和创新性发展,发展社会主义先进文化。乡村文化的相对落后制约了社会主义先进文化的发展,不能满足农民日益增长的文化需要。开展乡村文化建设工作,有利于培育农民的文化自觉,提高农民的文化水平和道德素质,增强对社会主义文化的认同,有利于社会主义先进文化的发展。

2.乡村文化建设是坚定文化自信的重要基础

中国特色社会主义进入新时代,国家经济实力显著增强,人民的精神面貌有了极大改善,站在新的历史方位我们更有信心也更有能力实现中华民族的伟大复兴。没有高度

的文化自信,中华民族的伟大复兴也就无从谈起,实现中华民族伟大复兴的宏伟目标必须要以坚定的文化自信为基石。在建成社会主义现代化强国的过程中,经济的飞速增长和国家综合实力的极大增强使人们的获得感、幸福感、安全感持续提升,人们对美好生活的需求愈发强烈,建设和发展先进社会主义文化是必不可少的内容,是文化自信的重要方面。乡村文化作为中华优秀传统文化的主要内容,是坚定文化自信最深厚的基础和最根本的力量。加强乡村文化建设,让农民在文化建设过程中学习中华传统文化,增强文化素养,有利于农民文化自信的提升,增强农村地区的文化自信。

三、乡村文化建设是满足农民美好生活需要的基本要求

改革开放以来,我国经济得到极大发展,人民生活从解决温饱到实现全面小康,人们对美好生活的需要更加广泛,对文化的需求也更加丰富和强烈。农民收入稳步增长,农民对文化生活的需要已不满足于单一的文化活动,对自身全面发展的要求更为迫切。乡村文化建设通过开展各种文化活动,满足农民的精神需求,提升农民综合素质,是满足农民美好生活需要的基本要求。

1.发展农村公共文化是满足美好生活需要的关键

乡村振兴的总要求中强调农村的全面振兴和农村社会的全面发展,文化是社会系统的重要组成部分,在乡村振兴战略中处于基础性地位。乡村振兴强调"全面"这一显著特征,因此开展乡村文化建设工作具有必然性。发展农村公共文化既是乡村振兴的要求,也是满足农民美好生活需要的关键。当前,农村的公共文化供给与农民对精神文化的需求相比相对不足,发展公共文化成为乡村文化建设的迫切任务。发展农村公共文化事业,丰富农村的公共文化产品供给,一方面可以丰富农民的精神文化生活,促进农民的全面发展;另一方面有利于提升农村的精神文明建设水平,促进美丽乡村、平安乡村的建设。乡村振兴战略中明确要求,要推动城乡文化服务体系融合发展,增加农村公共文化产品和服务供给,为农民提供更加多元、更高质量的文化产品,满足农民的精神文化需要。

2.提升农民道德水平是满足美好生活需要的基础

思想道德建设对提升社会文明程度具有基础性作用,党的十九大报告中明确指出要提高人民的思想觉悟、文明素养和道德水准,提高全社会的文明程度。我国农业人口众多,改革开放以来乡村文化建设取得了显著成绩,但仍存在部分落后文化思想,农民的道德素养仍须提升。进入新时代,农民对自身发展的要求强烈,提高农民的道德水平尤

为必要。加强对农民的思想道德建设，有利于农民思想理论的提升，有助于树立正确的价值观念和精神追求，增强农民对于乡村文化建设的认同，从整体上提升农村的道德水平。农民的思想道德水平提高，能够使农民养成良好的文明习惯，减少农村社会内部的不和谐因素，维护农村的和谐稳定，为其自身的全面发展提供更加良好的社会氛围。

3.增进文化认同是满足美好生活需要的根本

乡村文化是中华优秀传统文化的根本，指导农民的生产实践，并渗透到生活的各个方面。在开展乡村文化建设的过程中，农村的优秀传统文化能够通过各种文化活动形式得以体现和发展，有利于农民了解本土文化，培育农民对于乡村文化的自信，增进文化认同。农民对乡村文化的认同，一方面能促进农民更好地融入农村优秀文化氛围之中，汲取优秀文化精髓，使优秀文化得以继承和发展；另一方面能增强农民的归属感和自豪感，并将其对本土文化的认同上升为对民族文化的认同，使其自觉践行社会主义核心价值观。

第二章 当代乡村文化建设的内容、特征及目标

第一节 乡村文化建设的内容

当代乡村文化建设的内容丰富多彩。依据国家的相关文件、政策以及农村的实际，主要包含以下几个内容。

一、重塑农民核心价值观

当前乡村文化建设最主要的内容，是要树立农民的社会主义核心价值观，培养农民树立正确的人生观、价值观、道德观，发挥农民的主体性意识。

（一）强化爱国主义信念

爱国主义是全国各族人民共同奋斗的精神支柱。邓小平在中国共产党第二十次全国代表大会开幕词中指出，"中国人民有自己的民族自尊心和自豪感，以热爱祖国、贡献全部力量建设社会主义祖国为最大光荣，以损害社会主义祖国利益、尊严和荣誉为最大耻辱"。这是对我国现阶段爱国主义特征的精辟概括。当前要进一步强化农民的爱国主义信念，坚定农民维护祖国统一、努力为实现社会主义现代化而奋斗的理念。

（二）坚定社会主义信念

全体人民的共同理想是建设中国特色社会主义，把我国建设成为富强民主文明和谐美丽的社会主义现代化强国。当前乡村文化建设要使农民坚定建设中国特色社会主义的信念。社会主义道路是中国走向现代化的必由之路。历史证明，只有社会主义才能救中

国，只有社会主义才能发展中国。当前乡村文化建设必须要引导农民树立社会主义的坚定信念，建设中国特色社会主义伟大事业。

（三）重塑集体主义观念

当前受市场经济的影响，农民个体意识觉醒。但是，个人利益的实现要与集体利益相结合。乡村文化建设要引导农民树立正确的集体主义观念：在满足个人利益的同时，要正确处理国家、集体、个人三者之间的利益关系。

（四）强化荣辱观

在乡村社会，要以理想信念为核心，大力弘扬民族精神和时代精神，践行社会主义荣辱观。社会主义荣辱观从公民道德建设的角度为全社会树立了一个新的标尺，全面概括了社会主义荣辱观的内容，对于我国当前精神道德领域出现的问题有着非常鲜明的针对性。这就将依法治国与以德治国有机结合，将经济建设、政治建设、文化建设、社会建设、生态建设融为一体，全面反映了社会主义道德价值观念的精髓。乡村文化建设要充分体现社会主义荣辱观的内容和要求，在乡村社会中充分实践社会主义荣辱观，推动社会形成文明风尚。在乡村社会中还要加强诚信建设，增强农民的诚信意识。

二、创新发展农村教育事业

大力发展教育事业是进行乡村文化建设的主要途径。乡村文化建设的主题是农民。这就需要大力发展乡村教育事业，加强对农民的教育和培训，提高农民的文化素质。

中国共产党第十六届中央委员会第六次全体会议通过的《中共中央关于构建社会主义和谐社会若干重大问题的决定》指出，"坚持公共教育资源向农村、中西部地区、贫困地区、边疆地区、民族地区倾斜，逐步缩小城乡、区域教育发展差距，推动公共教育协调发展。明确各级政府提供教育公共服务的职责，保证财政性教育经费增长幅度明显高于财政经常性收入增长幅度，逐步使财政性教育经费占国内生产总值的比例达到4%。普及和巩固九年义务教育，落实农村义务教育经费保障机制，在农村并逐步在城市免除义务教育学杂费，全面落实对家庭经济困难学生免费提供课本和补助寄宿生生活费政策，保障农民工子女接受义务教育。加快发展城乡职业教育和培训网络，努力使劳动者人人有知识、个个有技能"。这表明，构建社会主义和谐社会已经把教育事业放在优先发展的战略地位。教育是实现社会主义现代化的基础，发展教育事业是促进经济社会发展、提高全民素质的重要途径。

三、全面发展乡村文化事业和文化产业

所谓文化事业，主要指文化艺术活动及其设施，包括理论宣传、传播知识信息、从事文化活动的场所设施及体现文化建设发展程度的智力积累的物质形态，如文学艺术、广播影视、新闻出版、博物馆、图书馆及各种群众性娱乐活动等。所谓文化产业，从经济活动的角度讲，是指专门或主要从事文化产品的生产和经营活动的行业。其本质特征是把人类知识的、智力的、精神的、艺术的和信息的活动及其成果以一定的物质为依托，转换成供人们消费、享用及交换、买卖的文化商品。它是一种投入少、效益高、增长幅度大、带动力强的新兴产业。2003年9月，文化部（2018年改组为"文化和旅游部"）制定下发的《关于支持和促进文化产业发展的若干意见》将文化产业界定为"从事文化产品生产和提供文化服务的经营性行业。文化产业是与文化事业相对应的概念，两者都是社会主义文化建设的重要组成部分。文化产业是社会生产力发展的必然产物，是随着我国社会主义市场经济的逐步完善和现代生产方式的不断进步而发展起来的新兴产业"。

乡村文化建设既包括公益性的文化事业，又包括经营性的文化产业。当前进行社会主义新农村建设，进行农村社会现代化建设，就要将大力发展农村文化事业和文化产业作为重要内容。发展文化事业和文化产业是市场经济条件下繁荣社会主义新农村文化、满足人民群众精神文化需求的重要途径，是促进农村社会经济结构调整和产业结构升级的重要步骤，对于实现农村社会经济、政治、文化协调发展和全面建设社会主义新农村具有重大的战略意义。

乡村文化建设的基本内容包括乡村文化社会进步、乡村文化经济发展和乡村文化生态保护，也有学者提出了当前乡村文化建设包含思想道德建设和教育科学文化建设两大基本内容。这些理论观点的长处是对乡村文化建设的主要内容有一个基本的范围界定；不足之处则是内容庞杂且责任主体不明确，使乡村文化建设缺乏必要的可操作性。

财政部教科文司、华中师范大学全国乡村文化联合调研课题组在《中国乡村文化建设的现状分析与战略思考》中，从政府主导的角度出发，对当前农村文化事业和文化产业建设的内容做了详细概括，主要包括以下几个方面。

（一）建设农村公共文化设施体系

结合社会主义新农村的总体规划，推动县、乡、村公共文化设施的配套建设，构建县以下面向农村基层的公共文化设施支撑体系。坚持以政府为主导，以乡镇为依托，以村为重点，以农户为对象，建设县、乡、村公共文化设施和文化活动场所，构建农村公共文化基础设施网络。通过政府和社会的紧密结合，逐步形成以政府为主导、社会广泛参与、结构合理、发展均衡、网络健全、服务优质、覆盖农村社会的比较完备的公共文化设施体系。

（二）健全农村公共文化服务网络

农村公共文化服务网络建设要以文化工程项目为基点，加快推进农村"三大文化"工程，健全农村广播电视、文化信息和电影服务网络，满足农村居民基本公共文化需求。不仅要确保中央业已确定的三大乡村文化项目的建设与完成，还要建立保证这些项目长期正常运行的长效机制。如大力推进"村村通"工程，尽快全面实现广播电视进村入户；以国家文化信息资源共享工程为基础，健全"人""机"配套的激励约束机制，开展农村数字化文化信息服务；大力推进农村数字电影放映，探索农村电影发行放映新机制，逐步建立以数字化放映为龙头、以乡镇为重点、以村为基点、公共服务和市场服务相协调的农村电影放映体系。

（三）引导社会资金参与乡村文化建设

由于地区之间存在文化发展差异和地域文化特色，乡村文化在文化设施和文化活动方面呈现出广泛的差异性，难以在全国范围内按同一标准统一建设。在这些项目实施的过程中，国家应重点引导，采取各种措施满足广大农民的公共文化产品需求。

一是引导地方和社会资金支持农村非物质文化遗产保护项目。发展农村特色文化，是农民应对现代文明和都市文化冲击的有效缓冲机制，既可以让农民在自己的文化体系中实现生活的意义，又具有保护农村非物质文化遗产的功能。新时期，农村非物质文化遗产保护是乡村文化建设的重要内容。农村非物质文化遗产的内容十分丰富。它基本上是公益文化产品，应该纳入公共财政的支持范围。国家要进一步加大对非物质文化遗产保护的财政投入。

二是支持"送戏下乡"（流动舞台车）项目，满足农村中老年群体的文化需求，实现传统地方戏曲"活态"保护目标与乡村文化建设目标的二合一。调查显示，"送戏下乡"受到基层政府部门和农民群众特别是中老年群体的普遍欢迎。公共财政支持的舞台流动车项目更是基层关注的热点话题。政府要进一步加大对"送戏下乡"（流动舞台车）项目的支持力度。

三是支持农村体育设施建设，引导建设兼有体育、健身与文化活动功能的村落公共活动场所。实践证明，不论是在东部还是在中西部，体育健身项目都受到了广大农村群众的普遍欢迎，在经济较发达的农村地区出现了以体育健身带动乡村文化活动的趋势。大多数农民群众希望将村公共体育场地建成综合体育健身与文化活动及村落公共活动的多功能活动场所。国家应支持在村一级建设融体育健身与文化活动等多种功能于一体的村落公共活动设施。

四是强调"送书下乡"工程的针对性、有效性和基层性，引导社会公益组织和个人投入。根据实地调研的结果，农村的"三农"图书和报刊数量偏少，实用性差，价格偏高。中国农村地域广阔，差异极大。国家统一配送方式目前在操作过程中还存在着一些无法解决的技术性难题，"送书下乡"项目应该进一步加强针对性，如"送书下乡"要求送到乡镇文化中心，送到村级文化室、文化中心和农家书屋。在条件允许的情况下，在"送书下乡"工程项目中引入竞争机制，取消对社会中介组织的准入限制，切实提高"送书下乡"的效率和服务水平。

第二节　当代乡村文化建设的基本特征

乡村文化建设是构建社会主义和谐社会的重要组成部分，也是建设社会主义新农村的重要内容。乡村是中国传统文化的主要积淀地和保留地，长期的城乡分离使乡村文化尤其是偏远地区的乡村文化几乎未受外来文化的冲击，仍昭示着浓厚的民族性和传统文化特质。

一、时代特色

乡村文化建设在科学发展观思想的指导下,具有鲜明的时代特色。

(一)农民是乡村文化建设的主体

纵观新中国的历次农村改革运动,其模式一般都是政府主导型。农村改革都是在政府的领导之下进行的,农民和农村都是被动的接受者。当前在科学发展观理论的指导下,社会发展要以人为本,重视人才在社会发展中的作用,因此乡村文化建设要以人为本,重点提高农民的综合素质,发挥农民的自主性和创造性,激发农民建设社会主义新农村的参与热情。文化的传播是以人为载体的。在农村社会构建和谐的社会主义核心价值观,就要培养农民个体的文化精神,塑造具备公民社会要求的公民主体意识。正如中国共产党第十七次全国代表大会政治报告中所讲的:"培育有文化、懂技术、会经营的新型农民,发挥亿万农民建设社会主义新农村的主体作用。"在新时期,要实现农民身份上的转变,由单一的农民转变为农业生产者、经营者,使农民成为一种职业而不是一种身份象征。这是新时期进行乡村文化建设的重要内容。当然,没有农民的主动性,就无法实现这一目标。

(二)乡村文化建设是对传统文化的继承和发展

我国的历史悠久,传统文化源远流长,有着丰富的历史文化遗产,而且我国的传统文化历经几千年而延续下来,具有极强的生命力。中国传统文化是一个不断发展并自我丰富的过程。在这个过程,中国传统文化不断接受新的精神文化,进行融合创新,最终形成了中国共产党第十六次全国代表大会政治报告所概括的以爱国主义为核心的团结统一、爱好和平、勤劳勇敢、自强不息的中华民族精神。

当前乡村文化建设要汲取民族文化的精华,如爱好和平、强调和谐的精神;刚健有为、自强不息的进取精神和积极处世的人生态度;强调个人的社会责任,提倡群体意识,突出个体对群体的义务与奉献精神;先人后己,先义后利的精神;勤劳俭朴的勤俭精神;厚德载物的包容精神;戒骄戒躁的谦虚精神等。这些文化精神对中国农民的影响是深远而恒久的,体现于乡村文化中,是中华民族的传统美德。乡村文化建设不仅要吸收民族文化的精华,而且要把民族文化与现代化的理念结合起来,融入中国特色社会主义先进文化。

（三）乡村文化建设是对外来文化的借鉴与创新

现代化的社会是开放的社会，任何民族、国家都不可能在封闭中取得发展。任何民族想生存，必须吸收和借鉴其他一切外来优秀文明成果，为我所用。乡村建设并不是中国所独有的，国外也经历过或正在经历乡村社会现代化建设的阶段，因此中国的乡村文化建设就要吸收、借鉴外来的优秀成果和经验并为我所用。韩国的新村运动、日本的社区改造运动，对我国进行乡村文化建设有着重要的借鉴价值。

我国在乡村文化建设中，借鉴了韩国的新村运动，引进了一种新的理念，即农村阿美尼体（Amenity）。农村阿美尼体是指农村历史、文化与自然生态资源，包括农耕文化景观、田园景观、农村风土人情等有形和无形资源；既有未经人类加工过的原生态资源，如原始森林、空气、水源、土壤和无噪声的环境，又有自然生态和人类加工相结合的资源和景观，如树林、公园、田园、水塘等，还有纯粹人类加工完成的土特产品、文化景观和风土人情，如民俗、节日、纪念馆、有机食品、农村旅游等。农村阿美尼体是人类追求物质享受、生活舒适和提高生活质量而自我完善的过程，是工业化、城市化和现代化的反思和归宿，是城乡协调发展及资源共享、追求人类共同目标的结果。对于农村居民来说，这是农村社会、经济价值观的再现和提升，也是改善农村生活环境和社会福利条件的发展机遇。对于农业来说，农村阿美尼体是对以往只追求增幅政策的反思和矫正，是更为积极的农村复兴政策和理念。对于一个国家来说，农村阿美尼体可以解决农村、农业、农民问题，统筹、协调、均衡发展城乡、区域、社会与经济、人与自然的关系。我国在推进乡村文化建设的过程中，充分借鉴这方面的经验，吸收和借鉴人类社会创造的一切文明成果，用以繁荣我国的乡村文化建设事业。这样才会使我国的乡村文化建设尽快接近和达到世界先进水平，建立现代化的乡村文明体系。

（四）乡村文化建设具有长期性与艰巨性

乡村文化建设是一项复杂的系统工程，需要全社会共同关注。乡村文化建设的长期性和艰巨性是由我国的基本国情决定的。一方面，我国二元化城乡发展格局导致了城乡发展不平衡，农村发展远远落后于城市发展。国家虽然制定了建设社会主义新农村的发展战略，但是乡村社会涉及面广，人数众多；国家乡村文化建设的资金投入仍然比较少，满足不了乡村文化建设的需求。乡村文化建设的资金积累就是一个长期的过程。另一方面，农村地区历史积淀的问题比较复杂，导致乡村文化建设面临的问题复杂多样。解决这些问题，转变农民的思想观念，需要一段很长的时间。因此，进行乡村文化建设，从总体上改变农民的精神面貌，提高农民的综合素质不可能一蹴而就，而需要长期奋斗。

二、体制性特点

纵观新中国的乡村文化建设，一般都是政府主导型。乡村文化建设的投入体制、组织体制、评价体制都具有鲜明的政府主导特色。

在乡村文化建设的投入体制方面，尽管中央财政投入的比例逐年增长，但从总体上看，国家财政对文体广事业费的支出在"十五"期间的年均增长率低于同期国家财政收入的年均增长率。而且，乡村文化公共投入在配置上不尽合理。国家对乡村文化的有限投入主要集中于农村基础文化设施建设，且大多数是一次性基建投入。中西部地区县以下几乎没有对文化人才的投入，也几乎没有保证文化设施正常运行的经费。绝大多数是只管建设，不管运转，存在明显的重投轻管的特点。

在乡村文化建设的组织体制方面，乡村文化建设责任分属多个行政主体(部门)。在县一级，县广电局负责电视广播，县文化局负责群众文化，县体育局负责群众体育活动，县委宣传部负责群众文化宣传工作。在乡一级，党委有党委组织的文化活动，教育办(所)有教育办(所)组织的文化活动。这些活动内容重复率高，组织形式简单；政出多门，领导网络不健全，分类不明确，边界不清。谁都组织管理乡村文化，谁都不负全责，谁都没有同其他部门协同起来做统一的规划与投入。这样做的结果是使原本有限的乡村文化资源无法发挥应有的效益。

在乡村文化建设的评价体制方面，乡村文化建设的评估工作机制不全，评价标准存在着形式主义倾向。所谓的评估一般都是一次性评估，缺乏一个事后的反馈监控机制。一些已建成的乡村文化设施很难得到有效使用。

三、乡村文化发展进程中的特点

(一)乡村文化建设的文化主体特点

乡村文化建设的文化主体特点表现为当代农村空心化趋势与乡村文化精英的出现。农村公共文化服务的对象主要是儿童、妇女和老人，而对于农村发展具有主导作用的中青年人却处在农村公共文化服务的范围之外。因为除东部发达地区之外，广大中西部地区大多是劳动力输出地。一方面，农村中坚层流向城市，削减了乡村文化发展的后劲，造成了乡村文化传统的断裂。公共文化服务因为缺乏农村中坚力量的参与，客观上日益边缘化。另一方面，一批文化程度较高、思想敏锐、富于改革和进取精神的中青年农民已经成为乡村文化事业的主体。他们以乡村文化市场为导向，组建各类农村民间职业剧团、农民业余文艺队或民间演出队等文化组织，采取适宜的文化活动形式，积极迎合本地及邻近地区农民的文化需求，成为乡村文化专业户和乡村文化精英。

（二）乡村文化建设的文化内容特点

乡村文化建设的文化内容特点表现为民间非物质文化的萎缩与现代都市文化的渗透。当前农村原有的文化价值体系和社区记忆正在逐步消失，原已发展起来的唢呐、秧歌、皮影、戏剧、舞龙、舞狮等随着集体经济生活方式的瓦解也逐渐解散，民间艺术也很难吸引年轻人参与。集镇生活对现代都市生活的模仿和对周边农村的辐射，带来了城市文化下沉和乡村文化模仿现代都市文化的双重动力。广大农民群众模仿城市人的文化消费方式，现代文化消费需求不断上升，乡村文化开始出现了由传统向现代的转型。

（三）乡村文化建设的文化载体特点

乡村文化建设的文化载体特点表现为低技术服务产品的没落与高科技文化载体的流行。随着当代农民自己拥有的现代文化设备越来越多，低技术文化服务产品越来越无法满足农民的文化需要。戏曲传统开始在农村出现断裂。有线广播和老式胶片电影这些文化服务方式，无论是在农民心目中还是在乡镇干部眼中，都没有得到认同。

（四）乡村文化建设的文化消费特点

1. 公益文化活动的退缩与乡村文化产业的起步

20世纪80年代以后，乡镇文化站、村一级的老年活动室、文化大院、村组文化室大都处于"瘫痪、半瘫痪"状态。县乡文化机构组织的"文化下乡""电影进村"活动，有一定的效果，但难以有效激发农民群众心中的文化热情。乡村文化建设的产业化开始起步。农民自发集资改建文化阵地，资助政府办电视差转台，成立个体电影放映队，兴办舞厅、游戏厅与网吧等。这些以农民为主体的文化产业成为满足农民群众文化生活的新生力量。

2. 乡村文化建设的政府文化阵地的衰退与民间文化组织的成长

农村集体化时期，农村公共文化产品几乎都是由政府提供的，政府建立了县、乡、村和生产队系统的公共文化服务网络。改革开放以后，随着政府对农村管理方式的转型，公共文化服务网络也不再存在。没有了公共文化网络，县乡政府也很难开展大规模的公共文化服务活动。与此同时，民间文化活动开始兴起，农村自办文化发展迅速，民间组织的管理水平显著提高，社会对文化的投入不断增加，一些地方戏剧和曲艺团体活跃，民间文化精英开始出现。乡村文化的这种现状与特点也得到了众多调研报告的证实。这些报告普遍认为当前政府对乡村文化重视不够，供给不足，投入不足，渠道不畅，体制不顺。

第三节　当代中国乡村文化建设的目标

为了保证当代乡村文化建设方案的可行性和可操作性，必须分析当代中国乡村文化建设和文化发展的基本模式，确立乡村文化建设的目标与行动策略，并在此基础上进行理论创新和制度创新。

一、乡村文化建设的三种模式

新中国成立以来，中国的社会基础结构经历了社会主义计划经济体制、过渡期混合体制和社会主义市场经济体制三个发展阶段。作为上层建筑的一部分，乡村文化建设进程受制于国家政治经济体制改革的进程，不可能超越经济基础所能提供的改革空间限度，不可能超越政治经济体制改革所能提供的潜在范围。因此，新中国成立以来，我国乡村文化发展呈现出从计划控制模式、过渡转型模式向公共发展模式层次递进的基本趋势。

计划经济时期，文化建设采取了计划控制模式。计划控制模式以行政力量和国家文化动员为主，充分发动广大农民群众，实现了广泛的参与；在充分保障广大农民群众文化参与权的同时，也部分地满足了农民群众的文化享有权。这种模式在农村公社时期得到了完整的体现。改革开放以后，文化建设采取了转型模式。过渡转型模式以国家供给为主。动员社会力量参与，实行国家和市场双重主导。尽可能地保障广大农民群众的文化享有权。公共发展模式作为一种预设的理想模式,只有借助于国家宏观政策主导和制度安排,通过政策导向和利益引导等途径,调动国家公共资源并引导社会资源参与,整合各种社会力量,才能实现。当代乡村文化建设模式是一种以保证农民群众文化发展权为核心的公共发展模式。文化参与、文化享有和文化发展构成当代农民群众完整的文化权利形态。一方面,政府保证农民的文化参与、文化享有是实现文化发展权的基础;另一方面,文化发展权又寓于群众文化参与和文化享有的过程中。在具体的文化生活实践中,由文化参与、文化享有和文化发展权构成的完整文化权益很难完全分开。当代乡村文化建设的实现途径,应是以保障农民群众的文化发展权为最终目标,体现为一种由过渡转型模式向公共发展模式演进的过程。

二、当代中国乡村文化建设的目标定位

长期以来,我国乡村文化建设一直没有很好地解决目标定位问题。20世纪30年代,中国知识界的一些先觉者意识到改造中国乡村文化的重要性,发起了乡村文化建设运动,如陶行知的晓庄试验、黄炎培的农村改进试验、晏阳初的定县平民教育实验、梁漱溟的乡村建设运动等。这些试验尽管取得了局部的成绩,但在当时的历史条件下,个人行为并没有转变为国家行为,对于中国传统乡村的文化改造收效不大。其中一个重要的原因就是缺乏国家力量的主导。而在"文化大革命"时期,国家力量对于农村基层的全方位强力介入,改变了中国乡村文化发展的自然进程。对乡村文化生态环境的破坏则造成了重大的文化损失。因此,当前对国家力量在乡村文化发展过程中的作用进行准确定位,具有重要的理论和现实意义。

(一)当代乡村文化建设的指导方针

按照乡村文化建设从属于社会主义新农村建设大局,服从和服务于社会主义新农村建设的总目标、总要求的原则,乡村文化建设的核心内容是围绕由传统农业向现代农业、由传统农村向现代农村转变的需求,培养一代具有较高思想道德素质、文化科技素养和专业职业技能的新型农民,提高对乡村文化建设重要性的认识。我国是个农业大国,党中央历来十分重视农业和农村的发展问题。中央提出建设中国特色社会主义新农村的奋斗目标,文化是一个重要方面。搞好乡村文化建设,发展乡村文化事业,对于丰富农民的文化生活、提高农民的思想道德素质和科学文化素质、促进农村经济发展和社会全面

进步具有重要的作用。农村改革取得了巨大的成功,农业发展举世瞩目。与此同时,乡村文化建设也有了迅速的发展,农民的文化生活得到了显著改善。但目前的乡村文化工作,仍是整个文化工作中的薄弱环节,存在不少困难和问题。如有些地方对乡村文化建设重视不够,没有将其摆到应有的位置;对文化事业投入少的问题在农村更为突出;基层文化场所较少,一些地方特别是贫困地区的文化设施仍非常简陋。不少地方农民的文化生活还相当贫乏。封建迷信、赌博等社会丑恶现象沉渣泛起,严重影响农村的社会稳定和精神文明建设。对此,各级文化主管部门要引起高度重视,切实把文化工作的重点放在农村;要在各级党委和政府的领导下,积极采取措施,推进乡村文化事业的发展,努力开创乡村文化建设的新局面。

(二) 当代乡村文化建设的目标定位

当代乡村文化建设的目标定位是通过建立健全国家农村公共文化服务体系和乡村文化市场服务体系,提升农民的素质,保证农民群体的文化发展权。包括以下几个方面:第一,通过文化的方式提升政治参与能力、经济保障能力和自我学习能力;第二,通过文化的途径来构建承接来自社会和国家资源输入的素质基础;第三,通过文化的渠道来提高日常生活需求和权益表达的能力;第四,通过提升文化的价值来重构城乡差距背景下的农村生活意义。

首先,界定农村公共文化服务范围,建立健全农村公共文化服务体系。当代农民群体存在着两种文化消费需求:一种是基本的文化需求,满足的是他们作为社会主义劳动者的基本文化诉求,对于整个农村地区具有共性;另一种是享受型文化需求,满足的是农民群体中较高层次的文化消费和自我实现的需要,具有较强的个性。由于存在这两种不同的文化需求,所以在当代乡村文化建设中事实上也存在着公共实现模式和市场实现模式两种满足方式。满足基本公共文化需要是政府的职责,满足享受型文化消费需求是文化市场的功能,因此必须区分政府和市场的职能。当代政府在乡村文化建设中的角色定位如下:第一,建立健全农村公共文化服务体系,满足农民群众最基本的公共文化需求;第二,建设乡村文化市场服务体系,满足农民个性化和较高层次的文化消费需求。

其次,理清农村公共文化需求类型,满足农民群众基本公共文化需要。当前政府介入乡村文化建设的重要途径是建设农村公共文化服务体系,从而为广大农民群众提供基本的公共文化产品,因此必须对何为基本公共文化产品进行界定。不同地域、不同年龄、不同文化层次、不同信仰的人群所具有的共同的文化需求,就是基本公共文化产品。如在公共文化设施方面，文化活动室或图书室、电影放映室或电影院、有线电视或电视差转台、公共电子阅览室等文化设施是普遍的共同需求；在公共文化活动方面，"文化下乡"、放电影和演戏及花会、灯会、歌会等传统娱乐项目是不同群体的共同需求。

三、当代乡村文化建设的具体目标

（一）乡村文化基础设施建设工程

按照国家县有两馆（文化馆、图书馆），乡有一站（文化站），村有一室（文化室）建设的要求，建设与当地经济社会发展相适应的县、乡、村文化设施和文化活动场所。发达地区的县文化馆、图书馆建设要与其经济社会发展相适应，因地制宜地建设综合性的文化艺术中心。具有独特地方文化资源的县市可建设特色博物馆。加强文化馆综合服务功能和图书馆（室）的数字化建设。乡镇（街道）要建设集图书阅读、广播影视、宣传教育、文艺演出、科技推广、科普培训、体育和青少年校外活动等功能于一体的综合性文化站。加强乡村文化资源的综合利用，鼓励将闲置校舍、旧礼堂、旧宗祠等改建成村级文化活动场所。推进发达地区村文化活动室标准化建设。

（二）广播电视"村村通"工程

全面提升农村地区广播电视"村村通"的工作水平。实现有线电视联网的乡村，要确保农村用户收看有线电视节目套数与城区用户基本相同。实现有线广播电视联网的建制村，通过共缆传输方式，达到广播"村村响"的目标。进一步发挥现有无线广播电视发射台的资源优势，着力提高其覆盖广大农村地区的水平。建立广播电视维护保障运行机制，提高收听收看广播电视节目的质量，确保"村村通""优质通""长期通"。

（三）文化信息资源共享工程

以数字资源建设为核心，结合各级图书馆的自动化、网络化建设，建成以省、市、县级图书馆为骨干的资源共享平台；依托农村党员干部现代远程教育系统、城市有线数字网络等，建成符合实际、具有特色的基本覆盖城乡的数字文化服务体系，成为公共文化服务体系的重要支撑，使广大基层群众普遍能够享受到数字文化服务。建成具有地域特色的、较大规模的、分布式的文化信息资源库群。完成百部戏曲、千场电影、万册电子图书建设任务，并不断更新充实，使数字资源建设总量达到 40TB。实现所有市、县

（市、区）建有分中心，大部分的乡镇（街道）、建制村（社区）建有基层服务网点的目标。

（四）文化遗产保护工程

切实加强对农村历史文化遗产的抢救与保护，进一步加强对乡村文化遗产保护的规划控制和引导。建立省、市、县三级名录保护体系，对列入县级以上名录体系的物质文化遗产予以保护和扶持。构建非物质文化遗产资源保护体系、传承展示体系、开发利用体系、宣传推广体系、保护制度体系。逐步建立完善管理体系，促进非物质文化遗产保护的法治化、科学化、规范化。大力发展农村特色文化与文化产业。加强对农村优秀民族民间文化资源的系统发掘、整理和保护，培育扶持民间艺术之乡、特色艺术之乡、特色文化村镇、民族民间文化生态保护区，命名表彰民间艺人，并科学有效地开发具有民族传统和地域特色的剪纸、绘画、陶瓷、泥塑、雕刻、编织等民间工艺项目，戏曲、杂技、花灯、龙舟、舞狮舞龙等民间艺术和民俗表演项目，古镇游、生态游、农家乐等民俗旅游项目。实施特色文化品牌战略，培育一批文化名镇、名村、名园、名人、名品。

（五）农民体育健身工程

以创建体育强县、强镇为契机，按照"创强"标准加强农村特别是村级体育设施的建设。以基层文体俱乐部建设为平台，大力推进农村基层文体组织和阵地建设，鼓励乡、村之间以协会、老年体协、村俱乐部为参赛团队开展俱乐部联赛活动。实施扶持贫困村计划，推动农村落后地区的体育设施建设。围绕一年一度的全民健身活动月，继续精心组织好全民健身片区联动活动，并向镇级延伸。继续积极开展送健身器材下乡、送体质监测下乡、送体育培训下乡活动，使更多群众共享全民健身的快乐。

（六）实施送戏送书工程

1. 送戏工程

根据"三贴近"的要求和广大农民群众的文化需求，有针对性地组织一些农民喜欢的文艺节目资源下农村。市、县（市、区）文化行政主管部门组织专业或者业余文艺团队，下乡镇、建制村举行公益性的文艺演出活动。充分利用流动舞台表演车和文艺小分队的形式，深入文化薄弱乡镇演出，活跃农民群众的精神文化生活。各级文化单位、有关部门（单位）组织专业或者业余文艺团队下农村举行公共文化服务性质的文艺演出活动。切实解决偏远地区或者经济欠发达地区农民群众看戏难的问题。

2.送书工程

根据"三贴近"的要求和广大农民群众的文化需求，有针对性地组织一些农民喜爱的图书下农村。市、县（市、区）文化行政主管部门配置图书流动车、购买图书，开展下乡镇、建制村的送书活动。充分利用图书流动车送书下乡的形式，通过送书上门、定期更换的方式，满足农民群众看书的文化需求。设立图书配送中心及配送分中心，通过分中心向村流通点配送图书，实现城乡图书信息资源的流通和共享。

（七）乡村文化活动繁荣工程

大力扶持发展农民自办文化，通过民办公助、政策扶持，鼓励农民积极参与各类文化活动，使农民群众成为乡村文化建设的主体。各乡镇（街道）应当尊重群众的首创精神，利用传统节日开展文化活动，注入新的活动内容、新的活动方式，使传统节日文化活动被赋予新的内容、新的形式。各市、县（市、区）、乡镇（街道）要切实承担起组织策划乡村文化活动的责任，使传统节日文化活动的内容和形式健康向上，为群众喜闻乐见，并有广泛的群众基础和影响力。扶持和引导以农民群众为主体的各类文化活动，办好农村传统节庆文化活动、民间艺术活动、社团文化活动、文体竞赛竞技活动等，打造富有特色的乡村文化活动品牌。

（八）乡村文化示范户创建工程

乡村文化示范户是以农村家庭为基础，以基本文化设施和文化活动为特征，集思想教育、干群沟通、农技交流、信息传播和文化娱乐于一体的公益性文化传播场所。乡村文化示范户的工作原则是贴近并服务农民群众，是建在农民群众家门口的思想文化阵地，是党和政府农村基层工作的延伸点，是维护农村稳定大局的助推器，是大力推进社会主义新农村和谐文化建设的有效载体，是促进和谐村镇建设的精神动力和智力支持。县、镇两级财政是乡村文化示范户固定资产和活动经费的投入主体。要加大投入，做到一次性投入与经常性投入相结合。加大扶持力度，负责为其配置彩电、书橱、图书等硬件设施。建制村对文化示范户开展经常性活动的经费应给予适当补贴。乡镇（街道）文化站应对乡村文化示范户建设予以业务指导。广泛动员社会力量支持乡村文化示范户建设，大力倡导机关企事业单位联户结对，为文化示范户提供物质支持。

四、实现乡村文化建设目标的战略举措

乡村文化建设是建设中国特色社会主义新农村的重要组成部分，其目标是与经济建设、政治建设的目标相适应的。乡村文化建设的目标是培养有理想、有道德、有文化、有纪律的社会主义新型农民，建设富庶、文明的社会主义现代化新农村。

（一）加强文化设施建设，巩固乡村文化阵地

文化设施是开展乡村文化活动的载体，是文化事业发展的重要标志。县级图书馆、文化馆，乡镇文化站及村文化室是农村基层重要的文化工作网络和文化活动阵地，也是乡村文化建设中的重点和难点。要进一步推动"万村书库"建设，动员社会力量，帮助农村建立图书室。我国农村各地情况不同，发达地区与欠发达地区、内地与边疆差别很大。文化设施建设必须坚持因地制宜、从实际出发的原则，使文化建设与本地区经济发展相适应，努力满足本地区农民的文化需求。由于边远地区地广人稀，交通不便，无条件分开建图书馆、文化馆的，可建综合性的文化设施。有的地方乡镇文化站单独建设有困难的，文化部门可联合有关部门共建综合性的文化设施。

管好、用好文化设施。乡村文化设施不仅要建好，而且要管好、用好，充分发挥这些设施的功能和作用。乡村文化设施的管理，要建立健全岗位责任制和目标管理责任制，加强对设备器材的维护、保养和使用，提高社会效益和经济效益。针对一些地方文化设施管理不善的问题，要拓展思路，探寻解决问题的可行办法。对于那些确实无力管理的设施，以及公益性文化设施被挤占、挪作他用甚至被拍卖用作商业性活动的，要坚决收回。要全面发挥基层文化设施所具有的宣传、教育、娱乐等多种功能和作用，开展各种群众文化活动，举办各种科技培训班和文化科技知识讲座等，普及科学文化知识，提高农民素质，帮助农民致富。在经济文化相对落后的地区，还可以利用文化设施举办各类文化补习班，积极配合农村扫盲工作。

落实文化经济政策，加大文化建设投入。特别是对中西部欠发达地区和少数民族地区的乡村文化建设，要切实加大投入，推动这些地区的乡村文化事业发展。要重点解决无图书馆、文化馆的县和无文化站的乡镇的馆站建设问题。各地要进一步拓宽投资渠道，在国家增加对乡村文化设施建设资金投入的同时，鼓励集体、企业、个人和社会各方面的力量资助文化建设，或兴办乡村文化设施。要鼓励村民委员会利用村集体经济力量和发动农民自己动手筹建村文化室或图书室。

（二）积极开展文化活动，丰富农民文化生活

组织开展丰富多彩的文化活动。文化建设的根本目的，是丰富人民的文化生活，满足人民日益增长的文化生活需求，促进社会主义精神文明建设。各级文化主管部门和文化单位，要根据广大农民的需要，积极组织开展各种丰富多彩的文化活动。文化和旅游部将继续命名"中国民间艺术之乡"，推动民族民间文化艺术活动的开展。要扶持民办文艺团体，大力发展农民业余文艺演出队，鼓励农民自编自演、自娱自乐。充分利用节假日和农村集市开展文化活动，把经常性、小型多样的文化活动与定期举办的大、中型群众文化活动结合起来。通过引导、扶持和组织区域性的民族民间文化活动，对农民进行爱国主义、集体主义、民族团结和反对民族分裂的教育，倡导健康文明的生活方式和社会风尚。

进一步搞好文化下乡活动和文化扶贫。要认真总结经验，制定和落实文化下乡计划，动员和鼓励文化单位和广大文化艺术工作者投身文化下乡的行列。要坚持面向基层、深入基层、服务基层，把为农民服务作为重要任务。文艺团体要坚持"送戏（节目）下乡"，解决农民看戏难的问题。要继续关心和重视农村儿童的文化生活。群艺馆、文化馆、图书馆、电影公司等单位要深入到农村去，为农民送书、送电影、送文化科技知识。文化部门要继续联合教育、科技、卫生和共青团、妇联等部门与组织，在农村开展综合性的文化活动。文化下乡是一项长期的任务。要从当地农村实际和农民的需要出发，讲求实效，持之以恒，形成制度。要大力扶持农村贫困地区的文化建设。各级文化主管部门要重视文化扶贫，加大扶持力度，推进这些地区文化事业的发展，逐步解决这些地区农民文化生活贫乏的问题。

积极开展农民读书活动。倡导农民读书，传播科学知识，是提高农民科学文化素质、实施"科教兴国"的需要。要进一步加强农村图书馆（室）建设，大力发展流动性的汽车图书馆，在农村开设书刊流动服务点，发动社会各界捐书助农。支持农民自发成立群众性读书组织，开展读书活动，组织引导农民读书致富奔小康。

搞好农村电影发行放映工作。电影是深受农民喜爱的一种文化艺术，对丰富乡村文化生活、提高农民思想道德与科技文化素质具有不可替代的作用。各级文化主管部门要采取措施，支持农村电影发行放映工作，大力扶持农村电影放映。"老少边山穷"地区可采取地方财政适当补贴来解决为农民放电影的问题。要加强少数民族语电影译制工作，使少数民族群众能够看到、看好、看懂电影。加强农村电影院的建设和管理。

（三）繁荣农村文艺创作，为农民提供优秀的文艺作品

抓好农村文艺创作规划的制订和落实。各级文化主管部门要进一步重视农村的文艺创作，认真制订农村文艺创作规划。要拓宽题材范围，注意弘扬民族民间优秀文化传统和地方特色，充分利用本地群众喜闻乐见的艺术形式，以适应农民观众的审美需求。要把创作任务落实到具体的创作人员和文艺团体。文艺团体要考虑下乡的需要，多创作面向农村的中小型剧节目。县级艺术团体应面向农村，多移植、改编优秀的剧节目，同时创作、演出受本地农民欢迎的剧节目。

鼓励和组织创作人员深入生活，创作出一批农民喜闻乐见的优秀农村题材文艺作品。各地文化主管部门要采取措施，鼓励和有计划地组织创作人员深入农村，了解农村改革开放的巨大变化和农民的新生活，创作出优秀的农村题材文艺作品。要重视农村业余文艺创作队伍建设，加强对业余文艺创作人才的辅导、培养、提高工作，扶持业余文艺作者创作出具有乡土气息和较高艺术质量的文艺作品。要抓好农村题材重点剧节目的创作，并在编、导、演和财力上给予重点支持，力争推出一批优秀的农村题材文艺作品。

坚持群众文艺工作的导向，改革文艺评奖办法。办好群众文艺"群星奖"、少数民族艺术"孔雀奖"，努力推出优秀作品和优秀人才，推动全国群众文艺、少数民族艺术创作。农村文艺的会演、评奖要面向农民，立足基层，把农民欢迎不欢迎、喜欢不喜欢作为重要标准。要改进和完善评奖办法，建立新的奖励机制。对获奖的优秀作品要积极组织展演、展览、推广移植以及宣传评介活动，努力扩大获奖作品的社会影响。

（四）搞好重点文化建设活动，推动乡村文化事业发展

继续搞好重点文化建设活动。创建文化先进县活动、万里边疆文化长廊建设、少儿文艺蒲公英计划和知识工程，是贯彻落实中央关于农村工作的战略部署、促进农村两个文明协调发展的有效形式，受到人民群众的欢迎和各级党政领导及社会各方面的支持，取得了阶段性的成果，要进一步巩固和发展。同时，要根据中央对建设中国特色社会主义文化的要求和重点文化建设活动的实际情况，抓紧研究制订创建文化先进县、万里边疆文化长廊、少儿文艺蒲公英计划的建设规划。

进一步改进和完善表彰制度，推进农村重点文化建设活动。进一步改进和完善表彰制度，把由文化和旅游部、人事部四年一度表彰全国文化工作先进地区、先进集体和先进个人的活动与一年一度表彰文化先进县、万里边疆文化长廊建设显著地区和单位的活动结合起来，实行两年一度的统一表彰和分级表彰办法。部表彰将在省表彰的基础上进

行。边疆文化建设、少数民族文化工作、少儿文化工作、图书馆工作要纳入评比文化先进县的重要指标。群众文化活动，应坚持立足基层、以地方为主的原则。文化和旅游部将加强对重点文化建设活动的指导，各省、自治区、直辖市要加强对重点文化建设活动的具体组织实施、检查评比和对部表彰对象的推荐工作。

（五）采取特殊政策和措施，促进少数民族地区文化事业发展

制定并落实少数民族农牧区文化事业发展的特殊政策和措施。我国是个多民族国家。少数民族文化是中华民族文化的瑰宝和重要组成部分。做好少数民族文化工作，对于落实党的民族政策、促进民族团结，对于推进民族地区经济发展和社会的全面进步，对于维护国家统一和中华民族的全面振兴，意义重大。改革开放以来，少数民族地区发生了巨大的变化，但由于自然、历史和经济等原因，少数民族农村、牧区的文化事业发展相对滞后，困难较多。必须采取特殊政策和措施，加快这些地区文化事业的发展。要继续落实对少数民族地区实行的文化设施建设、文艺人才培养、对外文化交流、文物保护"四优先"的政策，加大扶持力度。有关省、自治区要认真贯彻落实党中央和国务院关于"增加少数民族地区文化事业投入"的政策和"在边境建设费和民族地区发展经费中应有一定比例用于文化事业建设"的政策。同时，要根据中央关于文化建设的要求和少数民族农村、牧区的实际，研究制定本省区加快少数民族地区文化事业发展的特殊政策和措施。

为少数民族农牧区培养文化艺术人才，促进少数民族文化艺术的繁荣和发展。少数民族农村、牧区文化事业的发展，关键是要培养大批高素质的少数民族文化艺术人才。中央和地方的文化艺术院校，要有计划地为少数民族农村、牧区培养艺术人才和文化管理人才。要组织开展形式多样的少数民族文化活动，不断满足少数民族农村、牧区广大农牧民文化生活的需求。

继续做好支援少数民族地区文化建设的工作。近几年来，按照中央和国务院关于援藏和对口支援少数民族地区的指示精神，组织开展的全国支援西藏文化建设和发达省市对口支援少数民族地区文化建设的工作，取得了较好的成绩，有力地促进了少数民族农村、牧区文化事业的发展。各省、自治区、直辖市要认真总结经验，根据少数民族农村、牧区文化建设的需要和支援省市方的能力，进行协商，继续做好对口支援工作。发达地区支援少数民族农村、牧区文化建设，要采取多种形式，不仅要开展无偿援助，还可联合开发文化资源，相互合作、互惠互利，增强少数民族农村、牧区文化事业的自我发展能力。

（六）稳定和提高乡村文化队伍

稳定乡村文化队伍，充分发挥他们的作用。我国乡村文化工作者是活跃乡村文化生活和加强乡村精神文明建设的重要基础力量。他们长期扎根农村，与广大农民打成一片，积极组织开展经常性的群众文化活动，为农村两个文明建设作出了重要贡献。发展乡村文化事业，要紧紧地依靠这支队伍。要根据新形势下乡村文化工作的实际，研究制定稳定乡村文化队伍的政策，采取措施，充分发挥这支队伍在乡村文化建设中的主力军作用。广大的乡村文化工作者有着强烈的事业心，他们长期以来，立足基层，积极努力工作，但由于农村条件比较艰苦，工作、生活中存在一些困难和问题。各级文化主管部门要想办法帮助他们解决困难和问题，增强他们的工作信心；鼓励他们解放思想、开拓创新，把工作做得更好。

大力提高乡村文化队伍的素质。发展乡村文化事业，提高乡村文化工作水平，关键是要提高乡村文化队伍的素质。各级文化主管部门要制订乡村文化队伍的培训计划，采取函授、选送到文化艺术院校深造、从艺术院团派教员到农村举办培训班等多种形式，为乡村文化工作者提供学习机会，提高他们的思想水平和业务能力，以适应新形势下乡村文化工作的需要。要加强对民间艺人的关心、引导和管理，充分发挥他们在传承和发展民间传统文化方面的作用。做好民族民间文化遗产的抢救、收集和整理工作。

（七）深化文化体制改革，增强乡村文化事业活力

深化乡村文化事业单位的改革。随着社会主义市场经济的发展，文化事业发展的基础和条件有了很大的变化。乡村文化事业要通过深化改革，建立适应社会主义市场经济体制的运行机制，增强活力。政府兴办的图书馆、文化馆、文化站等公益性文化事业单位，要面向大众、面向市场，积极深化内部管理体制的改革，建立新的充满活力的发展机制。在保证政府投入的前提下，要积极开展有偿服务和文化产品经营活动，通过增加自我创收，解决开展文化活动的经费短缺问题，增强自我发展能力。同时要防止乱收费和增加农民负担。要加强对乡村文化工作的管理，研究制定有关乡村文化的法规。

加强乡村文化市场的培育和管理。改革开放以来，我国文化市场有了很大发展，但与城市相比，农村的文化市场发展较慢。随着农村经济的发展、农民物质生活水平的逐步提高，文化消费占生活开支比例逐年上升，农村电影、音像、演出、书报刊等市场非常广阔，乡村文化市场具有很大的潜力。要重视培育和发展乡村文化市场，逐步使农民自愿参与文化市场并活跃文化生活。要制定优惠政策，扶持面向农村的文化经营单位和

活动，积极组织和引导健康的文化产品和文化服务下乡，促进乡村文化市场的发展。乡村文化市场，要坚持"一手抓繁荣、一手抓管理"的方针，加强文化执法，禁止腐朽文化传播，清除"文化垃圾"，保证乡村文化市场健康有序地繁荣发展。

开发文化资源，促进乡村文化产业的发展。农村各级文化主管部门和单位，要增强产业意识，积极探索发展乡村文化产业的途径。农村有着非常丰富的文化资源，既要采取措施，加以保护，又要制定优惠政策，充分开发利用，使资源优势变为产业优势，促进乡村文化产业的发展。要重视乡村文化的对外交流工作，使独特的民族民间艺术、民间工艺品走向世界，进入国际文化市场。

构建农村和谐社会，经济发展是根本，文化建设是重点。在我国经济转型的关键时期，与快速发展的经济和日益提高的物质生活水平相比，乡村文化建设和发展则表现得较为滞后，与实现和谐社会的目标不相适应。加强乡村文化建设，既是当前农村、农业、农民实现持续健康科学发展的必然要求，也是构建农村和谐社会的有机组成部分。大力推进乡村文化建设对于社会主义新农村建设具有重大的现实意义和历史意义。

第三章 当代乡村文化建设的文化动力与思想范式

第一节 社会结构变动中乡村振兴的文化动力作用

一、重塑乡村振兴的思想动力

（一）凝练文化价值，回归并超越乡土中国

在全球化和现代化进程中，回归并超越乡土中国，最终实现中华文化复兴，是乡村文化振兴的核心价值。文化价值观是在特定的地理环境、生产方式等因素的交互作用下产生的，在特定的自然环境、经济环境、社会组织环境中孕育出的乡村文化，具有复杂的社会属性和浓厚的本土特征。文化价值观之所以是乡村振兴的思想动力，是因为它影响到人们对（人类）进步的想法。正如马克斯·韦伯所说，文化价值观虽然"不是思想，而是利益（物质的和思想的）直接支配人的行为，但是观念创造出的'世界图像'，时常像扳道夫一样决定着由利益驱动的行为的发展方向"。以文化价值观为引导的乡村生活中，人们"生于斯、死于斯"，以"故土"为核心的生活和以"耕种"为核心的生产，构建了独特的社会制度和文化形态。围绕"乡土性"而带来的"当地感"和"历史感"所构成的怀乡范式和乡愁思绪，构成传统文化、农耕文明互相浸润和渗透的乡村生活规则。从这一层面看，文化维系着乡土居民的关系、引导着乡村文化的情结，为乡村振兴提供了精神动力和价值坐标。

在重塑乡村振兴的精神动力和思想范式的过程中，文化价值观一方面能够无形化解乡村社会属性的复杂性，使当代乡村的许多棘手问题迎刃而解，另一方面又能迅速融入当下生活的变通性，使乡村能够更直接地适应全球化和城市化嵌入的时代及数字网络环

境浸润的发展语境。新时代乡村文化正不断被现代社会高度理性化和标准化的时间节奏和空间布局替代，已无法根据过去的经验来想象未来。正是人们远离了精神的故乡，才不断产生对"文化乡愁"的情感诉求。正是乡愁这一"失落而不断被唤起的回忆的深情"，这一被冠名以"乌托邦式"的乡土性，让人们重新审视乡土文明所应具备的心理品质。文化所呈现出来的强烈的"以文化人"的特质和"润物无声"的作用，使当代乡村的发展范式转变为一种"因地制宜"的现代性模式，进而为传统乡村文化发展开出"新药方"，为乡村振兴提供了价值导向、涵养了创新思维，闪现出贯彻落实新发展理念的文化萃取，呈现出富有乡土特色的文化体验，为乡村振兴提供精神营养、激发文化自觉、增强文化自信。

（二）提升乡风文明，点亮"土地的黄昏"之光

在重塑乡村振兴的精神动力和思想范式的过程中，以优质文化教育提高文明素养和综合素质，正确认识乡土文化和乡村振兴，是实现乡村永续发展的动力。虽然乡村提供了真正面向人类的沃土和根植自然的田野，但当前乡村基础教育仍然是乡村公共服务的薄弱环节，终身教育在乡村家庭中缺少发展贯通，教育自觉的理念二元分化、优质教育资源的严重不足，制约了乡村振兴的现代思想动力。从文化相对论的角度来看，乡村文化与城市文化并无优劣之分。对于农村教育来说，失去了乡愁的"离农式教育"，使受教育者难以在学成之后返乡，乡村成为他们"想离开的土地"和"回不去的家"；而趋于保守的"留农式教育"强调学习"墨守成规"的乡村文化，失去了对"因地制宜"的思考，也缺少了对城市化进程的正确理解，更难以为城市化供给富有专业技能的高素质人才，同样不利于乡村长远的发展。现代社会越来越难以逾越的思想障碍，使乡村成为"回不去的故乡"，对乡土文化认识的偏颇进而又循环往复造成城乡教育中对乡土文化理解的偏差，乡村教育更难以在城市文化和乡村文化之间找到平衡点，进而走向更为被动和消极的衰败。如何以高度的文化自觉实现教育自觉，以乡村作为精神家园的教育回归，让更多乡贤归乡发展，让更多文化人才返乡创业，让更多文化记忆为乡村"土地的黄昏"焕发文化之源和思想之光，成为乡村振兴的思想动力。

二、巩固乡村振兴的社会发展动力

传统的乡土文化以土地为核心，以劳动力和社会关系为主要纽带，赋予乡村生活以

规则和意义。但近年来，随着城镇化和现代化进程加速，中国社会结构发生了巨大变动，乡村社会也发生了巨大变迁，很多农业劳动力特别是农村青年劳动力都转移到非农产业就业，其中大部分以进城务工为主，而留在农村从事农耕的农民呈现高度老龄化特点，乡村的老龄化率远远高于城市地区。在不改变农村的耕作方式和耕农收入过低的状况下，耕农将无以为继的现实状况正变得更加严峻。正是因为乡土文化是建立在乡村生活基础上的，在当前乡村衰落的境况下，乡土文化的生存土壤和社会关系正发生改变，传统乡土文化的地位岌岌可危。然而在社会结构变动和人口结构变化造成的乡村发展动力匮乏的情况下，单纯靠经济复兴很难改变乡村困局，而全面的乡村振兴不仅仅是产业的发展和经济的复兴，更是生产单元和生活多方面的复苏、生态景观和生活场景多元化的复苏，这便对乡村的自我发展能力提出了更高的要求，寻找乡村振兴的社会发展动力迫在眉睫。

文化传承是社会创新的源泉，文化"触媒"作用又不断为社会发展创造新的动力结构，呈现新的动力形态。例如，以文化为驱动力引领的城镇化，在尊重文化发展规律的前提下，挖掘先进文化基因，传承民族文化传统，可以有效冲出人口城镇化滞后于土地城镇化的困境。许多"特色小镇"以自然村为单位，以农民为生产主体，以传统手工艺生产或休闲农业经营为主业实现"就地城镇化"的方式，有效解决了城镇化进程中动力约束的问题。城镇化创造出城乡融合、产城一体、文化生态与文化旅游结合的新业态，不仅转变了农民的身份，而且转变了农民的观念，重塑了乡村生态，重振了乡村产业，重新赋予乡村生活以曙光。

文化的经济功能一旦注入社会发展领域，便可以在"改变经济增长与经济发展的动力结构与动力形态"和"为社会生产力的解放和创造性提供动力源"两种"社会发展的文化生产力形态"方面引发新的动力机制。许多诸如经济不发达地区依靠发展特色文化产业实现文化富民的范式，尤其是在解决民生短板时通过"易地扶贫搬迁"与特色文化资源、区域禀赋对接，通过再造文化生产方式营造生活方式来消除"异地"不适，激活主体空间的内生动力，有效解决了农村剩余劳动力就业问题，实现了乡村的"体面就业"。这也足以证明文化作为一种"社会发展的生产力形态"，为形成新的社会组织、引导新的社会动力、创造新的经济动能、完善新的治理结构，带来了强劲动力。

三、赋予乡村振兴的生产结构动力

现代化进程同时伴随乡村凋敝，是世界范围内的普遍现象。步入工业化和城市化中期加速阶段的中国，也出现了明显的城乡差距过大、乡村治理失序等发展的不平衡、不充分现象。长期以来，中国乡村经济社会发展存在许多瓶颈和掣肘，与西方现代追求资源的不断开发和财富的持续增长不同，中国农业发展"内卷式"特点，带来的是生产的低效性，这在一定程度上造成了工业化和城镇化进程中乡村的衰败。在传统农作与现代农业技术碰撞时，往往采用牺牲生态系统和农耕习俗而单一围绕提高农作物产量的方式，尽管提高了生产效率，但田埂变成水泥地、田园变成塑料大棚的生产力提升方式却使乡村失去了风情。如果将文化生态理念和传统稻作方式纳入生产过程，体现生产的观赏性和体验性，就可以激发产业创新的力量，如开犁节、开镰节、"尝新饭"等传统习俗的复兴，便是广泛地激发乡村居民参与新生产行为的有效尝试。

乡土文化根植于活态的乡村生活中，具有不竭的吸纳能力和创造功能，一旦与乡村社会经济发展相衔接，必将促进乡村产业结构的调整和升级，进而引起经济发展方式的转变。在经济发展和社会运动中，文化具有历史记忆的鲜活存储器和人文风貌的动态编码器的功能。蕴含于乡村大地中的文化元素，除了物质文化形态，如历史建筑、村落环境、田野风貌等，还有非物质文化形态，如一个村落的非物质文化遗产、方言、生活方式、社会群体构成、经济结构等。这些文化的编码正是乡村"产业兴旺"的结构性动力，它们有效解决了制约乡村规模化、集约化发展的掣肘，实现了从传统农业生产到特色农事体验的发展范式的转变。而新时代乡野的吸引力所创造的创新、协调、绿色、开放、共享的发展理念，也演绎出生产、生活、生态的"三生"协调的文化范本。文化的多样性演绎了就地城镇化的文化样本，文化的排他性造就了特色文化产业的发展范式、公共文化服务的社会化范式、文化遗产传承和创新的互联网渠道，为乡村振兴提供了文化创新的动力。

第二节　文化建设赋能乡村振兴的思想范式

一、以文化制度守护乡村历史传续

乡村发展的过程是一个创造"通过重新审视过去、现在和未来之间的关系，进而获得对人的历史感、空间感与体验参与感的深度透视"的过程。我国自然村由于历史悠久、文化多元、民族众多、环境不同，所以乡村形态各异，经过历史变迁和城镇化进程，许多村落消失，乡村文化衰落。以文化制度守护乡村历史传续，本质上是将保护文化遗产、传习文化乡愁、开发文化要素等探索和实践深度融合，创造出一种根植本土、不离本土的文化圈落式生活方式。这种生活方式不但可以使乡村避免因失去田园风光和特色景致而偏离发展的轨道，而且可以在保留文化特色和民俗风情基础上不断在时代演进和科技迭代中开创新的文化体验、创造新的文化消费。

以文化制度守护乡村历史传续，要围绕保护历史文化遗产、保育乡村自然景观实施普适性政策，以乡村文化为主线，对星罗棋布在乡村的古迹遗址、历史建筑（群）、传统民居及街巷和历史文化见证物等的修缮和维护，对具有浓郁地方民俗特色的无形文化遗产、典型社会环境、历史文化传统、居民社会网络、生活方式、价值体系和信仰的递延和传续，既是对具有积极价值和当代意义的乡村文化的回归和弘扬，也是开启以维护文化景观多样性，使文化遗产旅游地协调共生、有机成长、可持续发展的文化创新之路的一把钥匙。例如，英国将乡村园林景观与现代科技结合，通过保持土地永久开放防止城市扩张的绿带政策及致力于保护和增强区域自然和文化遗产、促进公众了解和共享文化生态资源的国家公园政策，对文化景观实现历久弥新的在地保护；将乡村自然图景与乡土生活景象结合，通过保护和增强景观自然价值满足居民安静享受乡村环境，赋能价值较高乡村地区发展活力的自然美景区划定政策，对乡土文化和乡村文明进行原生态保护。

以文化制度守护乡村历史传续，还要构建激发在地文化活性、激活多元文化资本的政策体系。乡村在历史发展中逐渐形成了自身独特的文化生态，这种文化与自然环境、生产生活方式、经济形式、语言环境、社会组织、意识形态、价值观念等构成的相互作用的完整体系，具有动态性、开放性、整体性的特点，也具备社会化保护的基础。对此，应该创新引导社会力量参与乡村文化建设，发挥社会力量的积极作用，促进社会资本积极投资乡村文化建设领域特别是乡村公共服务领域，推动乡村文化建设从政府供给向合作供给、从单一投入向多元投入、从短期平衡向中长期平衡转变，探索以特色文化产业振兴的方式复兴乡土文明、赋能乡村文化。

二、以"如画"场景回归乡村精神故乡

乡愁，是家国情怀，是文脉延亘，是精神依归。乡村精神故乡是以乡土文化为载体，以淳朴、善良、亲情和伦常为乡土文化核心的生存价值理念。"美丽乡村"既是卓越的自然美景，又是生动的生活图景；既是乡土文化的起源地，又是以精神故乡的现代回归引领乡村高品质生活的承载地。当代乡村的衰落带来的农民身份认同感普遍缺失的问题，是一个全球性的普遍问题，在全球化、技术化、网络化确实给乡土文化带来强烈冲击的背景下，乡村发展势必要通过文化的交流和创新被赋予新的使命。在此境况下，乡土文化不应该成为固态的收藏品或静态的纪念物，而应当通过生动的演绎和活态的传承，创造性地存续并赋予乡村生活新的体验。围绕农业的生产性和农民的生活性及农民生产与生活的变化带来文化的变迁，构建"如画"场景，无疑创造了文化在乡村动态更迭和生活传续中的发展动力，"如画"场景对故乡的诠释更加生动亲切，对"回归"的叙事更是一个自然的过程。

以"如画"场景回归乡村精神故乡，关键在于构建怎样的"故乡"。在新发展理念下美丽乡村之"美"，发轫于"如画"的风景学意义，更应落脚于"如画"的地景生活观。"如画"意为"以画面的方式和适宜成为画面"，"如画"理念下古典画家的"风景画"用一种诗情画意的手法描绘了农事活动和农民生活，牧羊人深情地互唱情歌，柳树成荫的河堤野鸭成群，错落有致的村舍小屋炊烟袅袅……其美学理念启迪了人们对自然和人类的新认识。在新发展理念下，乡村生活图景不再拘泥于自然"如画"，而是将视域拓展到以自然的本色和人文的气息创造创新、协调、绿色、开放、共享的乡村生活图景，即从被动地"取景"发现"美丽乡村"到主动地"造景"，创造"美好生活"的过程。蕴含在传统乡土社会中的礼仪传统、人生记忆、乡土风情，都是镌刻在乡村耕读相伴、日落而息的生活"巨画"中的组成角色和细微笔触。在此，乡村图景所表现出的画面，是实现从自然修复到文化复原、从景观建造到回归故里的一次升华。

以"如画"场景回归乡村精神故乡，重点在于"回归"的时空叙事结构。乡村的美丽，既来自自然生态的美丽，又来自居民栖居的美好。"如画"理论提供了一个乡村振

兴的新视角，即将乡村日常生活变得富有历史传承性、具备田园观赏性，成为宜游宜居的新场域。"美丽乡村"深层次的发展阶段是从欣赏自然美景到创造美好生活图景。"美丽"的终极含义是诠释乡村作为真正的"诗意栖居"之所的充满动力、富有活力的空间载体。从这一层面上看，"如画"场景的本质是以乡土文化为灵魂，创建一种每一个居民的生产与生活方式均实现幸福感、满意度和安全感体验的理想之所。

三、以生态共栖创造乡村生活图景

乡土社会作为一种独特的时空结构，它包含了"人"的特定活动方式和"人"的稳定居住状态两方面的内容。生态共栖思维下的乡村，反映出一种乡村生产空间、生态景观和生活图景融合的空间含义。生态文明视角下的乡村生活图景，既包括了乡村旅游等产业的转向，也容纳了田园栖居等生活方式的转型，创造了以景观为集聚中心的乡村栖居群落，它们大多具有生态环境基础良好、自然景观特色鲜明、特色文化产业兴旺、人与自然高度和谐等特征。"生态共栖"倡导的自然观，既强调守住"绿水青山"，也呼吁以"绿水青山"创造"金山银山"。自然景象创造的共栖生活，是普罗旺斯乡间的薰衣草，或是北海道满树的樱花，它们盛开在乡村图景中，点缀着居民的日常生活，却也盛放在乡村旅游的好时节，吸引着世界各地的游客感受自然之美。乡村旅游的核心是乡村意境的创造，自然景象创造的乡村意境，是"春有百花秋有月，夏有凉风冬有雪"的时节，是"夜深江月弄清辉，水上人歌月下归"的夜晚，是"细雨湿衣看不见，闲花落地听无声"的季节体验，是"棹春风一叶舟，一轮茧缕一轻钩"的节气感悟，是"窗外月华霜重，听彻梅花弄"的栖居感悟，等等。在自然景观与人居共栖中创造的乡村意境，实现了乡村旅游与生态保护的统一，保留和强化了乡村文化记忆与乡村传统农耕的共生，创造出人与自然和谐相处的生活图景。

以生态共栖创造乡村生活图景是对乡村生产行为的萃取和对乡土生活情境的升华。乡村生产活动、生活空间和生态景观的串联和叠加，把多样的地理、自然和文化景观与本土生产过程、农事活动关联起来，将活跃的文化流动用历史遗产资源置于真实的空间范畴的方式生存、演绎和流变，使乡村生活圈成为一种惬意、幸福的生活方式。从全球范围看，许多包含大量农耕稻作文化元素的农业文化遗产，如地中海农牧文化景观、勃艮第香槟葡萄园、法国卢瓦尔河谷、古巴东南的咖啡种植园等，既包括了礼俗制度、文化教育、语言宗教，又涵盖了民俗、祭祀、民歌，展现出人类文明发展史演变的壮观，又呈现出乡村生产、生活和生态的共栖创造之美丽，它们提供了理想乡村图景的思想范式，也描绘了美丽乡村体验的视觉场景。

以生态共栖创造乡村生活图景更是创造体面就业、巩固脱贫攻坚成果的有力注解。乡村振兴的核心在于"人"，为乡村居民创造美好生活的核心是实现乡村居民的体面就业。乡村自然生态游憩体验的重塑和乡土生活情境的营造，为统筹以提供农产品功能为主体、兼具生态保育功能的乡村生产空间，创造以农村居民点为主体、为农民提供生产生活服务的乡村生活空间和具有自然属性、以提供生态产品或生态服务为主体功能的乡村生态空间，提供了前置条件，从而使乡村成为美好生活的共栖之地。以乡村民居、自然景观、人文环境浑然一体而著称的莫干山，正是通过投资者、村民、当地政府多方要素的有效组合，使民宿成为乡村创新发展的出色范本。"莫干山模式"所开创的成立股份公司、在地居民入股实现"全民参与、共同富裕"的方式，正是以生产、生活和生态共栖为主旨，遵循乡村传统肌理和格局，引导生活空间适宜和协调的营造方式，为发展文化产业创造体面就业、助推精准脱贫探索出有效路径。

四、以文化治理促进乡村均衡发展

在我国社会主要矛盾已转化为人民日益增长的美好生活需要和不平衡不充分的发展之间的矛盾的背景下，乡村振兴在民主、法治、公平、正义、安全、环境等方面的要求日益增长，充分反映出人自身解放与全面发展的诉求，这也与当前二元机制下城乡发展不均衡，乡村社会各部门之间发展不平衡，乡村基本公共服务发展整体质量不高、水平不够形成矛盾。文化治理在基于文化认同的前提下，立足文化动力机制，以文化自觉为内在的精神力量，以文化创造活力激发人们探索集约高效、功能完善、环境友好、社会和谐、个性鲜明的新城市发展空间的主体行为，为乡村发展实现以"文化弹性"和"文化自觉"推进文化治理路径创新提供了新思路。

探寻体现乡村文化特色、发挥乡村资源禀赋、凸显乡村治理创新的因地制宜的发展模式，进而为乡村振兴提供新的动力视角。不管是以政府为主导，通过政策支持、行政组织、公共投资注入等方式，短期内实现优势资源的汇集，打造"美丽乡村美丽中国"示范区的南京市江宁区美丽乡村；还是以企业运营为主体，通过骨干企业投资运营，建设核心建筑群，运行公共服务功能，重塑村落文化形象，塑造地区文化品牌，发展特色文化旅游空间的江门市新会区陈皮村；抑或是前文提到的以民间自主力量为骨干，吸纳各界精英与民间游资持续投入，通过精英回流、特色业态、有机组织等方式，以社会力量带来先进的乡创理念、清新的文艺气息、充裕的建设资金，并吸纳闲置乡村劳动力投入乡村振兴，实践就地安居乐业的莫干山模式，从乡村经济、产业结构、社会和居民等方面着手，探索文化治理路径为动力机制的发展模式，均具有典型的意义和价值。但是在政府、企业、民间三种发展动力主导下的乡村发展模式各具优势和局限性，单一的发展动力通常难以应对庞杂的要素制约，而要实现乡村的全面发展，则需要政府、企业、民间等多方联动，通过高效的文化治理，发挥各自的优势，从政策、组织、资本、产业、人员等方面，对乡村进行支持与投入，多方参与，广泛研究，以期建立起更好的多方合作发展模式。

以文化治理创新创造出本土化、多元化、差异化的方式，是解决乡村发展不均衡、不充分的有效方式。一方面对管理部门加强社会结构变动下乡村发展前瞻性研究和应对性政策研究提出了更高的要求，另一方面为探索多元化的乡村文化治理路径提出了更现实的要求。只有以"人"的全面发展为出发点，在社会结构变动下加强乡村文化治理，才能从根本上解决乡村发展中的诸多矛盾，最终实现乡村社会发展的公平、乡村公共服务的均等、乡村社会结构的平衡。只有以"人"的"适需性"为出发点，才能更好地通过文化治理推动乡村基本公共服务资源合理配置，协调乡村基本公共服务供给的软硬件关系，在人口、经济、文化、科技、环境及资源等系统及其内部各要素之间加强协作，激活乡村居民的自治能力和创新活力，探索民生保障和社会治理的内生动力机制，充分发挥文化在乡村治理中的功能，将"单向度"的治理变成"多元化"的参与，激活乡村振兴的内生动力。

不管从乡村社会变动的角度看，还是从城乡二元结构演进的维度看，文化始终是改变经济社会发展动力结构和动力形态最重要的思想力量，在乡村发展中的赋能作用越来越显著，而文化建设与社会发展、经济增长之间的关系演化，也越来越凸显出把握乡土文化的物质之维和精神之维的关系、生态之维和文化之维的关系的战略价值。可以说，从乡村发展的角度看，文化之于乡村振兴，是重塑城乡融合、破除城乡二元壁垒的催化剂，是创新乡村治理体系的乡村善治之路的发动机，是坚持人与自然和谐共生的乡村绿色发展之路、传承发展提升农耕文明的乡村文化兴盛之路的铺路石。从社会演进的规律看，文化之于乡村振兴，是一个以文化之光启迪乡村发展结构重塑的过程，是一个以文明之力推动乡村居民重建文化自信的过程，更是一个以文脉、地景和文化基因的结构构建美好生活图景的过程。

第四章　当代乡村文化体系的构建与保障措施

第一节　乡村公共文化服务体系建设

公共文化服务是我国文化建设的新领域，公共文化服务事业在积累、传承、创新和发展民族文化，落实公民文化权利和满足城乡居民日益增长的精神文化需求，在提高全民族的思想道德和科学文化素质，发展和繁荣社会主义先进文化，构建社会主义和谐社会，以及促进国际多样化的文化交流等方面都发挥着不可替代的重要作用。公共文化并不是一个新的命题，但我国把"构建公共文化服务体系"作为公共文化建设的目标和途径，是近几年才提出并明确的。党的十八大以来，将继续完善公共文化服务体系、继续推动公共文化服务设施向社会免费开放、提高服务效能，将促进公共文化服务标准化、均等化、社会化作为重要抓手，着力构建现代公共文化服务体系。可见，我们党非常重视公共文化服务体系建设，文化权益的保障受到了前所未有的关注，逐渐形成了构建公共文化服务体系以维护和实现公民基本文化权利的执政理念，构建现代公共文化服务体系成为保障和改善民生的重要举措。

公共文化服务是政府提供的以保障公民的基本文化权益、满足公民基本文化需求为目的的文化服务，通俗地讲就是政府出钱、相关的文化机构免费提供、老百姓免费享受的文化服务。而公共文化服务体系是指政府举办的、非营利的、传播先进文化和保障大众基本文化需求的各种文化机构和服务的总和，涵盖文化政策、基础设施、人才队伍、技术技能、发明创造各方面内容，旨在满足大众的多层次、多样化、整体性的公共利益。

一个科学合理的公共文化服务体系的主体通常应该包括四个方面：①政府。提供公共文化服务是政府的核心职能之一，政府是公共文化服务的核心主体，是公共文化服务的组织者、监督者。②文化事业单位。这是我们国家的公共文化服务体系所独有的、在主体构成上不同于西方国家的最大特色。③非政府组织。主要指从事文化工作的一些中介、社团等。④企业。在公共文化基础设施的建设及某些具体产品的生产中具备更多的优势，是公共文化服务体系的延伸与补充。

公共文化服务体系的基本内容包括八大系统：①公共文化政策、理论体系。它是提供公共文化政策法规、构建社会公益的价值观念系统，是公共文化繁荣发展的基石和根本。②公共文化基础设施体系。主要包括各种文化历史遗址和文化馆、图书馆、文化广场、文化中心、工人文化宫、青少年宫等公共文化场所。③公共文化生产、运营体系。主要指公共文化产品（服务）的生产和运营系统，是公共文化服务体系中公共文化产品的生产部门和直接作用于服务对象的服务机构体系。④公共文化信息体系。它是一个关于公共文化社会信息的收集、分析、发布的系统，通过这一系统的运行，让广大人民群众直接了解公共文化服务的信息，同时政府可以及时、准确地了解群众的文化需求信息，为科学决策提供帮助。⑤公共文化资金保障体系。主要包括政府的拨款、社会捐助、赞助、基金等，一个良好的资金保障体系是公共文化服务的血脉。⑥公共文化人才体系。主要包括公共文化服务的专业技术人员、业余文化队伍和支撑公共文化服务体系的管理人员、辅助人员等组成，是保证公共文化服务体系建立、发展和运营的关键。⑦公共文化创新体系。主要包括内容的创新、形式的创新、机制的创新以及服务的创新，是形成整个社会创新意识的基础组成部分。⑧公共文化考评体系。它是对公共文化服务的好坏、是否到位、是否满足了人民群众的文化需求等执行情况进行的有效监管，从而保证群众得到真正的公共文化服务。

公共文化服务体系是和谐文化建设的重要内容，也是文化大发展大繁荣的重要基础。公共文化服务体系承担着十分重要的社会服务功能。通过文化服务，传播马克思主义的基本理论、基本观点和基本方法，使人民群众树立正确的世界观、人生观、价值观，确立科学的发展观，承担着用马克思主义理论统领社会主义现代化建设各项事业的功能；弘扬民族文化与民族精神，承担着文明传承和确立文化自信心、自豪感，激发人民群众建设社会主义现代化的热情的功能；提供文化场所、阵地和产品，承担着满足人民群众日益增长的精神文化需要，实现人民群众文化利益的功能；通过文化活动与实践，激发人们的想象力、创造力，承担着培育人文精神与人文情怀的功能；通过文化产品的创作，承担着为文化产业的发展提供原创力的功能等。

乡村公共文化服务体系，是指以政府组织和投入为主导，以社会力量参与为补充，以服务农民和提高农民素质为目的，为乡村提供公共文化产品和服务的体系。乡村公共文化服务体系是公共文化服务体系基本内容之一。建立并不断完善乡村公共文化服务体系，既是社会主义文化建设的题中之义，同时又是社会主义新乡村建设的必然要求。

我国乡村公共文化服务体系建设基础薄弱，发展稍显滞后，目前正在起步和兴起。随着中央政府对乡村文化工作的重视和投入力度的加大，乡村文化建设，尤其是乡村的公共文化服务呈现出良好的发展势头，文化产品增加了，农民的文化生活不断丰富，乡村文化服务的条件有所改善。但是，从总体上看，乡村的公共文化服务与市场经济的发展要求相比，与农民的需求相比，与建设社会主义新乡村相比，仍有很大差距，主要表现在乡村公共文化服务市场上。

公共文化服务是我国文化建设的新领域，是一个全新的战略课题。构建一个结构合理、发展平衡、网络健全、运营高效、服务优质的覆盖全社会的乡村公共文化服务体系，需要对乡村公共文化服务设施、服务机制、服务方式、服务机构、队伍建设，以及公益性文化单位的数量、布局和种类进行统筹规划和系统建设。为此，必须厘清乡村公共文化服务体系建设的基本思路。

一、达成共识、构建体系

首先，要充分认识文化建设对实现经济可持续发展的精神动力作用，对促进社会和谐的思想保证作用。要把做好乡村公共文化服务体系建设工作作为改善乡村面貌、提高农民生活质量的重要手段摆上办事日程，把乡村公共文化服务体系建设目标纳入全面建设乡村小康社会的总体目标。要用社会主义先进文化占据农村文化阵地，切实理顺文化工作行政领导与业务领导的关系，通盘规划乡村公共文化服务体系建设工作，合力净化乡村空气，提高发展乡村先进文化的能力，维护农民的基本文化权益。

其次，要把乡村公共文化服务体系作为一个完整的体系来建设。这个"体系"包括乡村公共文化设施体系建设、乡村公共文化服务网络体系建设、乡村公共文化政策法规体系建设、乡村公共文化服务管理体制和队伍建设等。"乡风文明"是社会主义新乡村建设的重要内涵，而构建乡村社区公共文化服务体系是"乡风文明"的重要载体。构建结构合理、均衡发展的公共文化服务体系可以使农村文化建设提高农民和农村文明的水平，促进农村生产发展，使农民享受舒适的生活。这一切在清洁、管理和民主方面具有重要的作用。因此，构建公共文化服务体系是加强乡村文化建设的基础工程、民心工程，必须得到广大农民群众的充分认同和积极支持。

二、加大投入

从当前的现状看,各级政府对乡村公共文化建设的投入明显不足已成为我国乡村公共文化建设的主要问题。许多县和乡镇公共文化机构的功能丧失或半丧失,几乎无法提供公共文化服务,严重阻碍了乡村在科技化、信息化时代与城市经济文化协调发展的步伐。同时,我国城乡居民之间的文化权益不公平现象也十分突出,城里人文化生活比较丰富,而乡村群众的文化生活相对贫乏;一部分低收入农民家庭、困难家庭几乎和文化生活无缘。这种城乡居民之间、社会群体之间的文化权益不均等现象导致了农民生存心理的失衡,往往会成为影响社会稳定、构建和谐社会的障碍。因此,积极构建乡村文化服务体系,加大投入,加快文化资源向乡村倾斜,加强乡村文化基础设施建设,是促进我国社会和谐的重大战略措施,也是加强乡村公共文化服务体系建设的关键所在。

各级政府是乡村公共文化服务体系建设的主导力量。政府要履行职责,加大投入力度,加快文化资源向乡村倾斜,加强文化基础设施的建设,保障农民基本的文化产品与服务,使公共文化服务走向多元化,为社会各阶层提供各种不同层面的公共文化服务。同时开发民间文化资源,变资源优势为产业优势,形成"政府牵头、社会参与、市场运作、群众受益"的发展格局,这样既丰富了公共文化服务,也提高了公共文化服务的效率与质量。

三、研究、制定和完善相关政策法规、法律制度

政策法规、法律制度体系是保证公共文化服务体系健康运行的法治基础。相关的政策法规、法律制度的建设在乡村公共文化服务体系中具有基础性和引导性意义。当前我国乡村文化建设的政策法规,尤其是法律制度总体上还比较薄弱,存在着不具体、不系统、不配套和操作性欠佳的问题。要改变乡村公共文化建设和管理上的任意性、人为性状况,就必须加强乡村公共文化的政策研究,不断修订和完善原有的政策,积极研究制定和促进新政策的出台,并确保相关政策的系统性、连续性、前瞻性和可操作性,同时要加快我国乡村公共文化服务体系的立法步伐。从国际上看,许多国家在公共文化发展和建设上都走了一条法治化道路,即通过制定相关法律法规,确定国家发展公共文化的基本政策,保障政府公共财政对公共文化建设的投入,明确公共文化服务单位的法律地位、义务责任等。我国目前虽然出台了一些有关公共文化事业方面的法律法规,但从总

体上看，这方面的立法仍比较零散，立法的层次也较低，尚未形成一个较为成熟、完备、法律效力彰显的体系。构建乡村公共文化服务体系是一个伟大的实践，必须要尽快研究制定使其规范运作的基本法或专门法，如乡村公共文化服务设施法、乡村公共文化服务基金法等。

首先，要着力构建以"内源式"为主的乡村公共文化服务体系建设新模式，才能从根本上解决乡村文化建设的诸多难题，才能使乡村公共文化服务体系永远充满生机。"内源式"为主的模式是乡村文化服务从"送文化"向"种文化"的转型。在进行农村公共文化服务体系建设中，要从根本上改变过去那种以外部单向输入为主的发展模式，注重社会主义先进文化与我国乡村优秀民族民间文化相对接、相融合，建构一种新型的具有中国特色的"内源式"为主的乡村公共文化服务体系建设模式。而建设本土的乡村文化精英队伍，是"内源式"的动力，发挥内因作用，使广大农民群众由乡村文化建设的旁观者和被动接收者，变成乡村文化建设的最强有力的参与者和推动者，从而实现公办文化与民办文化的有机结合。

四、明确政府、社会、农民在乡村公共文化服务事业建设中的角色功能

在乡村公共文化服务建设过程中，加快文化资源向乡村倾斜，明确政府、社会、农民在乡村公共文化服务事业建设中的角色功能，增强农民的主体地位意识是一个重要的方面。

首先，提供乡村公共文化产品和服务主要是政府的职责，是政府的核心职能之一。发展乡村文化事业，建设乡村公共文化服务体系，满足农民群众多层次、多样化、整体性的公共利益，这种广泛的公共权利只有政府才能够最大限度地、有组织地提供公共资源来实现。然而，目前大多数农村的实际情况是农村文化在社会事业中地位低下，政府投资是远远不够的。因此，只有明确政府、社会、农民在农村公共文化服务建设中的作用，才能在农村公共文化事业建设中发挥正确的作用。

但政府不是唯一合法提供乡村公共文化产品和服务的公共机构，提供乡村公共文化产品和服务的公共机构应是一个以政府为主导的多元化体制。因此，除了政府主导以外，乡村公共文化服务事业利用社会力量也是一种选择，通过积极鼓励和引导社会力量举办各类乡村公共文化服务事业，可以有效解决由于单纯依靠公共财政投入而造成公共文化

服务事业经费短缺的问题。社会力量在乡村公共文化服务事业建设中所起的作用并不是可有可无，通常情况下，它扮演着辅助者的角色，是乡村公共文化服务事业的一种有益补充，日益显现积极作用。在坚持公益前提的情况下实现有限的市场化，是乡村公共文化服务体系建设的现实选择。

第二节 乡村社区文化的建设

　　乡村社区是指居民以农业生产活动为主要生活来源的地域性区域性社会。中国农村社区是具有一定的自然和社会经济特征的社会单位，具有相对完整和独立的功能。社区人员主要是从事农业生产和定居生活。除经济活动外，他们还开展政治、文化、教育、习俗和其他社会活动。农村社区由于其特殊的地域状况、人口状况和组织状况，使得乡村居民一般具有差异不大的心理状态、思维模式、生活习惯和价值取向等深层文化形态，并表现为同质人口，共同的习俗、庆典、节日、礼仪等外在文化形态。这种乡村社区内部文化形态比较稳定，传统底蕴较为深厚，对社员的影响力较强，是维系社区关系的重要纽带。

　　乡村社区文化，从内部来说完全是一种自然形成的文化，是一种以血缘、地缘、民族为基础的文化。具体来说，乡村社区文化就是农民在社区利用闲暇时间以满足自身精神文化需要为目的，以文化艺术和民俗为主要内容，以自我娱乐、自我教育、群众性参与为主要形式的一种社会文化活动，是一种公共文化生活空间，也是一种长期形成并不断更新的，涵盖了生活方式、人际关系甚至生产方式的整套价值观念和行为规范。

　　相对于城市社区文化而言，当前乡村社区文化建设具有特殊的重要意义。它不但是满足广大农民群众多层次多方面精神文化需求的必然任务，而且是重建乡村社会共同体，也就是建设社会主义新乡村的重要手段和发展目标。

一、乡村社区文化建设的主要内容

乡村社区文化建设是一项全面的、系统的工程。乡村社区文化建设的主要内容是建设社会主义核心价值体系,增强社会主义意识形态的吸引力和凝聚力。在乡村社区,应当采取灵活多样为老百姓所喜闻乐见的形式来开展社会主义核心价值体系的建设和意识形态工作,这是乡村社区文化的核心部分。应当创造性地将社会主义核心价值观与乡村社区传统文化和价值观念有机整合,凸显相同的内容,打造包括社会主义核心价值在内的乡村社区文化观念体系,并通过多种途径和形式使其深入人心。

弘扬中华文化,建设中华民族共有的精神家园。要特别重视挖掘、保护和发展乡村社区本土的文化传统,整理和发挥好当地物质文化遗产和非物质文化遗产的作用,弘扬中华文化的精神和各民族、各地方的特色,增强文化自信心和创造力。让社区文化在乡村社区建设和发展中起到巨大的促进作用。要重视环境治理和改善,建设好生态文明,使乡村社区成为全体社区成员的共同家园。

推进文化创新,增强文化发展活力。要解决好体制问题,通过改革创新使各种文化组织和文化活动主体都能积极参与到乡村社区文化建设的进程中来,并使社区居民成为文化建设最重要的主体,促进乡村社区文化建设形成深厚的根基,获得不竭的动力,更好地满足各方面的要求。

建设和谐文化,培育文明风尚。和谐的观念要渗透到人们日常行为及其规范中,化为全体社区成员的共同行为。从家庭和谐、邻里和谐、老少代际和谐、男女性别和谐、干群和谐、内外和谐、人与自然和谐,培育和发展一系列文明风尚,改变落后习俗。借助科学技术手段,普及科技知识,弘扬科学和法治,构建乡村社区群众科学文明、遵纪守法、和谐互助的行为体系,建设家庭美德、职业道德、公共道德和个人道德的良好体系。

从乡村社区文化建设的一些更具体方面看,其内容还可以归纳为以下几个方面:物质文化、精神文化、社区文化事业、环境文化、文化工作队伍等。

(一)乡村社区物质文化建设

物质文化方面,主要指乡村社区多数成员共享的各种物质文化设施、设备与生活手段和物质环境,也包括资源节约型和环境友好型乡村社区建设(即乡村生态社区文明建设)。乡村社区的物质文化对其他方面社区文化的发展和运行起着重要的支撑作用,有时候物质文化方面的某个变革也可能带来其他文化部分的改变与进步,因此要重视这部分文化的建设，使其更好地起到推动、促进其他方面发展并最终带来整体文化进步的作用。当然，也不应把这些视为乡村社区文化建设的全部，它只是硬件的部分，离开了软件的支撑是不可能收到良好效应的。另外，也要注意和有关政府部门的规划与工程建设相结合，以便更好地开展和进行乡村社区物质文化建设。

（二）乡村社区精神文化建设

精神文化是社区文化的核心和领导力量，是社区文化建设成败的关键和内在决定因素。乡村社区精神文化包括乡村社区精神意识、道德情操、价值观念，行为准则等，可以把它大致归纳为行为规范文化和观念文化两大类。

行为规范文化方面，主要指乡村社区大多数成员较自觉遵守的一些道德伦理规范、礼仪习俗及日常行为的规则等。这部分内容很丰富，从家庭婚姻道德规范与礼仪习俗、邻里道德规范与礼仪习俗、公共道德规范与礼仪习俗到个人道德规范，从婚丧嫁娶的礼仪习俗到日常生活的方方面面的规矩和规则，包括语言的规则、衣食住行的规矩和习惯等。可以说，这是更直接影响乡村社区成员行为和社区社会生活的文化事物，是社区文化建设的重点，同时也是难点。乡村社区文化建设需要充分重视行为规范文化的建设，这在整个乡村社区文化建设体系中具有承上启下的作用，也是老百姓最关注的方面，更容易获得群众支持，只要采取适宜的方式和方法，也能取得更好的效果。在乡村精神文化建设中，乡村文明风尚的培育和建设这一块就主要涉及行为规范文化方面。

观念文化建设的部分也可以理解为狭义上的精神文明建设。观念文化是指乡村社区大多数成员共同具有的一些思想认识和价值观念等。它是乡村社区文化的核心要素，以各种有力的方式对乡村社区成员的行为实践和日常生活发挥着影响。在操作上这部分看起来比较虚，需要采用各种方法将其落实。比较有效的方法是开展各种教育活动，特别是适合乡村社区特点的非正规教育和成人教育的方法，具体内容包括科学技术、法律和法制，以及其他一般性的知识和观念。实际上，如果这些能够与乡村社区群众所关心的问题联系起来，也是能够取得良好效果的。

加强乡村社区精神文化建设，就必须同时重视规范农民的文化行为和观念文化这两个方面，一方面要宣传乡村纯朴的道德观、伦理观，另一方面要帮助农民正确认识市场经济价值观和现代伦理观。要以抓农民道德素质培养为契机，大力推进乡村精神文明建设，倡导乡村和谐的新型道德观念，提倡重视个人修养，弘扬传统道德文化，让道德之光成为新乡村建设的一面旗帜，最终实现农民物质和精神文明建设双丰收。

其次,还要加强乡村法制环境建设。目前,阻碍中国现代法制产生的乡村自然经济、封建专制传统、人情身份观念等在中国乡村根深蒂固,农民法律意识淡薄,缺乏权利、自由、平等、民主思想,以及人文精神、契约意识等现代观念。因此,还要加强诚实守信的人文环境建设。诚信是社会主义市场经济的灵魂,是乡村经济发展的关键,是人的立身之本、立业之本。加强乡村文化建设,还必须把诚信制度建设作为乡村经济文化建设的核心。

(三)乡村社区文化事业建设

社会发展的根本目的是不断满足人民群众的物质文化生活和精神生活的需求。而在物质生活日益丰富的今天,乡村居民的精神生活提高却不明显。所以通过多种途径和手段,开展形式多样、内容丰富的乡村文化活动,不断满足乡村人民日益增长的文化生活需求,提高农民文化生活质量,既是农民自身精神生活的需要,也是繁荣民族文化、净化居民身心的需要。乡村社区文化事业开展和进行可以从以下几个方面入手:其一,邀请文艺演出团体到社区演出,活跃乡村社区的文化活动。其二,调动群众参与各种形式的文化活动的积极性。其三,加大专项资金投入,重点做好配送电影流动放映车和电影拷贝工作,丰富乡村电影片源。加强乡村中小学爱国主义教育片和乡村科教片的放映,采取定点、流动、录像放映等多种形式,积极探索乡村电影放映的新方法、新模式。

(四)乡村社区文化工作队伍建设

加强乡村社区文化队伍建设可以采取以下方案:采取有效措施,稳定和发展专兼职结合的乡村文化队伍,逐步提高队伍的整体素质;鼓励高校毕业生到乡村从事文化工作;采取多种形式,充分发挥专业艺术人员的积极性,加强乡村文化队伍的教育培训;培养农民文化骨干,充分发挥民间艺人、文化能人在活跃乡村文化生活、传承发展民族民间文化方面的作用,巩固乡村文化建设的群众基础;根据相关法律法规的规定对乡村文化事业单位的人员实行从业资格制度;对有突出贡献的乡村文化单位和基层文化工作者予以表彰奖励,在全社会形成关心、支持乡村文化建设的良好氛围。

二、乡村社区文化建设的基本方式

乡村社区文化建设的基本方式,一是要发挥建设的主体——农民的积极性;二是要依靠政府的重要主导作用,这同时也是乡村社区文化建设过程中要把握的两个基本原则。

(一)乡村社区文化的主体是农民

乡村社区文化是一种多元的复合文化,是社区文化事业、环境文化、精神文化等多方面内在的和外在的文化的综合,具有广泛的大众性和大文化性,乡村社区文化是农民自己的文化。因此,乡村社区文化活动的主体必须是农民自己,乡村社区文化活动要由农民群众组织并参与,而且参与的人要多、面要广。乡村社区文化建设的受益者也必须是农民群众,农民群众既是乡村文化活动的主体,又是乡村文化建设的客体。乡村社区文化是普通农民群众的文化,不能脱离群众、脱离乡村文化土壤,没有广大农民群众的参与,是不可能实现乡村社区文化事业建设的持续发展。所以在乡村社区文化建设过程中,要激发农民广泛参与的积极性,建立为人民服务的思想意识,提高扎根乡村文化土壤的现实性。乡村文化活动要贴近群众生产实际,坚持业余自愿、形式多样、健康有益、便捷长效原则,丰富和活跃农民群众精神文化生活。社会发展理论的核心理念是参与自治、共享,也就是说,通过社区成员的积极参与,努力实现共同的发展目标,共同享受创造的成果。由于乡村社区的文化特点,在这样的社会共同体中,若想要达到重建乡村的目的,农民的主体性即参与、自治、共享是开展乡村文化建设的基本原则。

虽然乡村社区文化建设的主体是农民,但也离不开乡村社区组织。乡村社区组织包括村委会、党支部、村学校等正式组织,也包括其他社区组织,特别是村民自发建立的那些组织,这些乡村社区组织是乡村社区建设中的重要方面。因此,要高度重视乡村社区组织建设,既要重视调动和运用好已有社区组织的作用,也要重视开展新的社区组织的发动和培育工作。此外,乡村社区文化建设的主体是农民,这并不排斥外部力量的支持,因为某些文化资源是乡村社区自身所缺乏的。从长远来说,外部社会组织和力量参与到乡村社区文化建设中,可以促进文化的交流和联系,也对乡村社区文化建设、城乡融合、共同发展等具有很大的益处。

(二)政府在乡村社区文化建设中的重要角色

政府在文化建设中的作用,主要体现在提供公共文化服务和为各类文化主体发展创造良好的政策环境、法治环境和市场环境等方面。具体来讲,就是要履行好"公共服务、政策调节、社会管理、市场监督"的职能。政府在乡村社区文化建设的过程中担负着重要的角色。它既是乡村社区文化建设的领导者和协调者,同时又是直接实施者。乡村社区文化建设首先要发挥党的领导作用,把握好乡村社区文化建设的政治方向,加强乡村精神文明建设。为此,要明确文化行政部门的职责,创新乡村文化建设管理体制,实现政府职能由办文化向领导文化建设的转变。文化行政部门要负责制定乡村文化事业发展规划和乡村文化建设政策并监督检查贯彻落实情况,着力构建完善的文化管理体系和统一、开放、竞争、有序的现代文化市场体系,形成健康繁荣的乡村文化发展格局;乡村社区文化建设也是一个各方面资源投入的过程,在这个过程中,各级政府尤其是基层政府必须发挥协调作用。首先要协调好政府内部各相关部门的工作,明确各有关部门职责,密切协作、各负其责、齐抓共管、形成合力,共同做好乡村文化工作。其次,还要协调好各种社会资源投入乡村社区,采取多种形式促进乡村社区文化建设;同时,各级政府又是乡村社区文化建设的直接实施者,应把乡村文化建设纳入各级政府的重要议事日程,纳入经济和社会发展规划,纳入干部晋升考核指标,纳入各级政府财政支出预算,在领导精力、工作部署、财力安排和政策措施上实行倾斜,确保乡村文化建设各项目标的实现。基层政府是乡村文化建设的具体实施者和直接责任者,因此要明确目标,层层分解、落实任务,明确责任人、完成时限、建设要求和奖惩措施,大力组织实施,抓好典型,确保完成文化建设任务。

(三)乡村社区文化活动的长效机制

随着社区变成区域社会发展的基石和人民群众享受文化成果的家园,社区基层文化已成为文化建设的重中之重。在"以人为本,全面、协调、可持续"的科学发展观要求下,社区文化建设更要直接体现人民群众的利益,作为乡村基层文化代表的乡村社区文化则是新乡村文化建设的重中之重,它直接体现了广大农民群众的利益。今天的文化与政治、经济、社会的发展是一体相融的,乡村社区文化必须要有大发展,才能适应新乡村文化建设的需要,才能适应建设社会主义新乡村的需要,为此必须建立起乡村社区文化活动的长效机制体制。

首先,按"五位一体"的要求统筹兼顾。乡村社区文化建设必须切实按"五位一体"的要求统筹兼顾,并体现在经费投入、队伍建设、考核管理等刚性政策中,这特别有利于在基层工作中保证文化工作与政治、经济、社会、生态、文化一体化发展,克服基层种种片面发展和短期行为对文化的冲击、弱化;其次,要建立乡村社区文化投入的长效机制,规范乡村社区文化建设专项经费的管理,切实发挥经费使用效益,立足实际,制定、出台具有较强操作性和时效性的乡村社区文化建设专项经费管理暂行办法;再次,要加强乡村社区文化工作队伍建设，建立起集中培训、资格准入、全员聘用、绩效考核、优胜劣汰的文化人才队伍建设机制；最后，要加强文化职能部门的监管力度，把投入机制与考核激励机制、监督管理机制有机地结合起来，强势推进乡村社区文化长效发展机制的建设。

第三节 乡村文化事业建设的保障措施

新乡村文化事业建设是一个长期的、系统的建设过程，需要方方面面的保障措施。其中涉及乡镇综合文化站人员经费保障，"三下乡"活动的制度保障，农民文化活动生长机制，新乡村文化创新能力培育，等等。

一、乡镇综合文化站人员经费保障

乡镇综合文化站是指由县级或乡镇人民政府设立的公益性文化机构，其基本职能是社会服务、指导基层和协助管理乡村文化市场。乡镇综合文化站是党和政府开展乡村文化工作的基本阵地，是公共文化服务体系的重要组成部分，是保障广大农民群众基本文化权益的重要基础。建设乡镇综合文化站，是完善乡村公共文化服务体系，提高乡村公共文化服务水平，推进社会主义先进文化建设，维护广大农民群众基本文化权益，共享经济发展和社会文明进步成果的重要举措，对推进社会主义新乡村建设有着极其重要的意义。

加强乡镇综合文化站的建设，最重要的一个方面就是必须使乡镇综合文化站人员经费得到有力的保证。2009年8月5日国家文化部部务会议审议通过了《乡镇综合文化站管理办法》（以下简称《办法》），并公布自2009年10月1日起施行。《办法》规定："文化站建设应纳入当地国民经济和社会发展计划，与当地经济社会发展水平相适应，建设规模应符合国家有关规定；应纳入当地城乡建设规划，优先安排用地指标，无偿划拨建设用地。"《办法》还就乡镇综合文化站的人员问题作了专门的规定：一是"文化站应配备专职人员进行管理，编制数额应根据所承担的职能和任务及所服务的乡镇人口规模等因素确定"。二是"文化站站长应具有大专以上学历或具备相当于大专以上文化程度，热爱文化事业，善于组织群众开展文化活动，具备开展文化站工作的业务能力和管理水平。文化站站长由乡镇人民政府任命或聘任，事先应征求县级文化行政部门的意见"。三是"文化站实行职业资格制度，文化站从业人员须通过文化行政部门或委托的有关部门组织的相应考试、考核，取得职业资格或岗位培训证书。文化站从业人员可根据本人的学历条件、任职年限、工作业绩和业务水平等申报相应的专业技术资格"。四是"文化站实行聘用制和岗位目标管理责任制。在岗人员退休或被调离、辞退后，应及时配备相应人员，确保文化站正常工作不受影响"。五是"文化行政部门负责对文化站从业人员进行定期培训。各级文化培训机构、群艺馆、文化馆、图书馆、艺术学校、艺术院团等具体承担人员培训任务"。2010年，中宣部等六部委下发的《关于加强地方县级和城乡基层宣传文化队伍建设的若干意见》（中宣发〔2010〕14号）中，又再次专门提到，要为乡镇综合文化站配备专职人员。可见，党和政府对乡镇综合文化站人员保障工作高度重视并出台了相关文件予以规定和保证。

乡镇综合文化站的经费问题也是一个长期存在的难点。这里面有大的背景因素：一方面，我国乡村文化建设整体投入严重不足，文化基础设施十分落后，公共文化机构难以运转，文化产品、文化服务供给非常短缺。而另一方面，国家的文化投入在文化管理部门内被层层剥夺，越到基层，状况越糟糕。相关部门从部委垂直管理到乡镇文化站，在省、市、县文化部门优先解决自己省市县的问题，也就是财政投入在逐级优先保障之后，到乡镇文化站的时候资金已经没有多少了。

《办法》对经费问题的规定给人们提供一条思路：乡镇综合文化站的经费问题可以从三个渠道得到解决和保障：第一，政府投入。政府是乡镇综合文化站人员经费保障的主导力量，政府要履行职责，加大对乡镇综合文化站的投入力度，保障其正常运转。同时，政府还必须制定和完善相关的与之配套的政策法规体系作为保障。比如，制定和完善确保乡镇综合文化站投入的公共财政支持体系。第二，市场运作。在政府作为主导力量的同时，乡镇综合文化站的建设还要适应社会主义市场经济发展规律，让非政府组织逐渐介入，与文化事业单位一起共建乡镇综合文化站，实现乡镇综合文化站服务社会化、市场化，在此基础上还要大力发展新乡村民办文化，通过民办公助、政策扶持，鼓励农民自办文化，开展各种面向乡村、面向农民的文化经营活动，让农民成为新乡村文化建设的主体。同时开发民间文化资源，变资源优势为产业优势，形成"政府牵头、社会参与、市场运作、群众受益"的发展格局。政府还应放宽对乡村文化市场设施建设的准入条件，鼓励社会力量参与乡镇综合文化站建设；政策扶持民间特色团队和民间艺人，充分发挥他们的特殊作用；引进市场竞争机制和非公有制运行模式来提高乡村公共文化阵地的管理效率。第三，各机构支持。政府虽是乡村公共文化建设的主体，但社会主义初级阶段的中国，需要花钱的地方不少，在财力有限的情况下，往往是心有余而力不足。因此，政府出台新的文化经济政策，调动社会各方力量共建乡镇综合文化站就显得特别重要。政府在加大投入的同时，还要鼓励社会各界、民间团体和各机构共建乡镇综合文化站；对捐赠乡镇综合文化站的外籍人士、海外华侨包括当地的私营企业主，政府应给予一定的社会荣誉；对协助捐赠的中介机构和中介人员可给予一定的奖励。

二、"三下乡"活动的制度保障

"三下乡"活动是指文化、科技、卫生"三下乡"，"三下乡"活动对于营造乡村文化氛围，活跃农民文化生活，增强城乡沟通，起到了很好的引导作用，是新乡村文化建设的重要途径。

（一）相关部门的制度保障

要保证"三下乡"活动经常化、制度化，首先必须引起各相关部门的高度重视和大力支持。

针对文化"三下乡"，各级文化主管部门要同本地区的一个至三个贫困县、乡结成帮扶对子，定点进行文化扶贫；完善经常化的文化下乡规划和计划，把抓好乡村文化和文化下乡结合起来；组织全国优秀艺术家到革命老区、贫困地区慰问演出，各地要组织本地重点艺术表演团体送戏下乡；制定文化下乡优惠政策，对常年下乡的文艺单位，给予必要的、切实的帮助，落实县级剧团下乡的补贴经费。广电部门应精心组织电影下乡，增加片源，做好乡村节目和拷贝的供应、调度和排片工作，建立乡村电影放映队；中国广播电视出版社应继续加大图书下乡的力度；进一步采取措施，扩大广播电视对乡村特别是边远地区的覆盖率。新闻出版部门则应做好对边远地区、少数民族地区捐赠图书工作，组织一些出版社到边远地区送书上门；在县以下中心乡镇建立新华书店的下伸网点，健全乡村发行机构，充实发行人员，增加乡村流动图书供应；建立图书发行基金，在经济政策上对乡村发行予以支持；定期编制为乡村读者服务的乡村书目、科技新书目，及时传递出版信息；加快供销社售书网点建设，开辟乡村发行渠道；加强边远地区编辑、发行人员的培训，对乡村的出版单位进行对口支援，总结推广经验，建立、健全规章制度，使送书下乡活动经常化、制度化。

针对科技"下乡"，要实施好科普工程，结合"星火计划""科技扶贫计划"和"重大成果推广计划"的实施，组织开展经常性的科技下乡活动；鼓励中央和省、市科研机构，选择一个县、一个乡或一个乡镇企业，同乡村建立固定联系，持之以恒地开展对口支援；表彰科技下乡先进集体和个人，调动科研机构和科技人员常下乡的积极性。广泛开展调查研究，因地制宜地制定适合不同领域科研机构和科技人员下乡的政策措施。还要办好各种农业科技示范点、示范园区，带动农业科技的推广；县级农业科研单位的科研人员，要深入乡村，参加农业科技开发、示范、推广活动，帮助农民解决生产中的难题；多层次、多形式开展各类技术培训，抓好"绿色证书"工程实施，办好农民技术夜校、农业广播电视学校；积极筹措资金，增加科技投入，改善工作条件，保证把农业科技顺利送到乡村。

针对卫生"下乡"，卫生部门要持续开展卫生支农工作，以老、少、边、穷地区和乡村卫生事业欠发达地区为主，开展对口支援；抓好检查，把卫生下乡作为卫生工作的重要任务，并长期坚持下去；表彰一批卫生支农工作的优秀部门和个人。

（二）建立"三下乡"活动的长效机制

要保证"三下乡"活动经常化、制度化，还必须建立起"三下乡"活动的长效机制，解决好"种文化"与"送文化"的关系问题。

如果说"送文化"是一种文化"输血"，那么"种文化"就是"造血"。送书、送戏、送电影到乡村，这样的"送文化"在一定时期是需要的、有效的，也深受农民群众欢迎。但多年的实践证明，新时期的乡村文化建设，关键要靠农民自己，广大农民群众是乡村先进文化的享受者和建设者。有了内在的驱动，乡村文化才有旺盛的生命力。而"种文化"就是让文化的种子在乡村播种、发芽、生根、开花、结果，旨在增强乡村文化自身的造血功能，保护好、发挥好、发展好农民群众参与文化活动的积极性，让农民群众成为村落文化的主体，让健康的文化生活占领乡村文化阵地，从而比较充分地满足农民群众日益增长的精神文化需求。"送文化"是外部赋予的，而"种文化"是内在的。乡村需要"送文化"，更要"种文化"。变"送文化"为"种文化"，并发挥农民的主体作用，变"等文化"为自己动手"办文化"。

"种文化"是实现乡村文化可持续发展的需要。但"种文化"需要基础和条件，一是经济基础，二是文化基础。现在乡村文化工作存在的突出问题，不是农民群众缺乏文化兴趣需要培养提高，而是面对农民群众日益强烈的文化需求政府怎样正确定位找准结合点更好地有所作为。"种文化"要突出重点，抓住关键。

一是要在挖掘乡村文化底蕴上下功夫。致力于塑造地域特色鲜明、文化底蕴浓厚的地域特色文化，传承非物质遗产，把一些有历史积淀、有优良传统、有群众基础的民间文艺活动开展起来，形成村落文化特色，为农民备足、备好"精神食粮"，潜移默化地改变农民传统的生产生活方式，引领文明乡风。二是要从新乡村建设经费中拨出专款，抽调文化专业人员采集不同村落间的"文化基因"，对乡村的传统文化、民俗文化、红色文化、产业文化进行挖掘整理，创建各具特色的文化魅力新村，培育一支支不走的"文化"队伍。

三、农民文化活动生长机制

新乡村文化事业建设要得到有力的保障和长足的发展，要培育乡村精神文明建设的生长机制。

（一）加强乡村文化的自我造血功能

新乡村文化事业建设要获得可持续发展，不能只依靠国家的文化"输血"，因为乡村文化的"脱贫致富"，农民文化权益的最终保障，除了必要的"送文化"加以帮助和引导外，最关键的还是在于培植乡村文化的自生机制，也就是说必须使其获得自我造血功能。"输血"是外部赋予的，而自我造血才是内生的。只有形成自生机制、获得自我造血功能，才能从根本上解决困扰乡村文化建设的诸多难题，才能使新乡村文化事业建设永远充满生机。

要努力培育发展乡村文化的自生机制，在继续开展好"文化三下乡"活动进行"输血"的同时，按照政府支持、培育主体、市场运作、增强活力的思路，加强对民间艺人、文化能人、文化经纪人的培训，引导文化专业户组建非公有制文化企业，鼓励各种形式的农民自办文化，不断发展壮大源于乡村、扎根乡村、传承民间艺术、传播有益文化、"土生土长"的乡村内生型文化，实现由"送文化"向"种文化"的转变，完成从"输血"到"造血"的过程转变，迅速切入丰富农民生活、提高农民素质的正题，不断夯实乡村基层文化建设的基础地位。

另一方面，在文化建设中，必须把文化与经济融合起来，才能形成新的强大的发展优势。因此，乡村文化建设加强自身"造血"功能还必须壮大乡村村集体经济，只有壮大村集体经济，发展乡村第二、第三产业，才有能力配合各级政府的规划和财政投入，共同做好乡村公共文化基础设施建设，从而更好地为新乡村文化建设事业服务。还必须积极探索，因地制宜引导、培育先进文化走向市场，打造旅游、生态等文化产业项目，走文化产业化之路，树立特色品牌文化。

（二）培养乡村特色人才

历史经验证明，国家对乡村一味地"送文化"会耗费极大的公共资源，但并不能从根本上改变乡村文化的落后面貌。乡村的许多文化观念是依靠国家力量从上而下向乡村社会强行"植入"的，主要表现为一种精英文化对大众文化的改造和替代，但现实的情况是，这种单靠国家力量从外面强制"植入"的农村精神文明建设是无法在乡村社会中根植、发育、开花、结果的，是一种"无根"的文化。一旦国家力量从乡村社会中撤出，这种"无根"文化就会凋谢。因此，通过国家公共财政引导的方式，建立一支乡土化、农民化和本土化的乡村文化精英队伍，使之成为乡村文化的承载者和传播者，这是当前乡村文化建设的迫切任务。因此，必须加紧乡村文化精英人才的培养、地方基层文化队伍的培养，奖励和补贴乡村基层文化带头人，尤其要加强乡村特色人才的输送。农村精神文明建设人才是指乡村的民间艺人、文化能人、非物质文化遗产传承人等。他们散布于广大乡村，生在乡村，长在乡村，其艺术养分直接汲取于乡村和农民，在乡村文化的传承中，起骨干和桥梁作用。应该发挥他们在活跃乡村文化生活、传承民族民间文化方面的积极作用，激发乡村自身的文化活力。在乡村，一个文化能人往往可以带动全村的文体活动，关注、扶持这些文体活动骨干，具有延伸辐射带动作用。同时，要鼓励各种形式的农民自办文化，加强对民间文化能人、文化经纪人的培训，支持他们扎根民间，传承民间艺术，传播有益文化。要坚持以人为本，在思想、工作、生活上关心爱护乡村特色人才，还可以对他们给予适当的经济补助。要尊重劳动、尊重知识、尊重人才、尊重创造，从政策上促进、从制度上保证非物质文化遗产传承人和民间艺术家的创造活力，使一切有利于展现中华民族文化和地方文化传统的创造愿望得到尊重、创造活力得到支持、创造才能得到发挥、创造成果得到肯定。

（三）保护与传承非物质文化遗产

非物质文化遗产是人类生产生活实践中创造积淀而成的文化瑰宝，是一个民族精神文化的重要标志。在中华民族源远流长的历史中凝聚出的独具神韵的非物质文化遗产，它所蕴含的中华民族特有的精神价值、思维方式、想象力和文化意识，是中华民族先进文化的重要组成部分，是民族的精神家园，也是维护我国文化身份和文化主权的基本依据，是我国文化软实力的综合体现。

大部分非物质文化遗产根植于本乡本土，来源于劳动与生活，体现了广大劳动人民繁衍生息的脉络，在长期的创作、积累、传承、演变的过程中形成，是人类社会丰富多彩和无比珍贵的遗产。但大量非物质文化遗产留存在乡村，由于受到新的文化理念、娱乐方式、生活方式的冲击，许多优秀的民间文化有可能被外来文化取代或者异化，造成非物质文化遗产最终走向湮灭。要采取有力措施，努力改变目前优秀非物质文化遗产后继乏人的现状。对列入名录的非物质文化遗产代表作，要以传承人为中心，建立健全命名、表彰、扶持的制度和政策，鼓励和支持其开展带徒授艺等传习活动。此外，要设立传承基地，保护传承人，建立科学有效的非物质文化遗产传承机制。非物质文化遗产的突出特点是以人为载体，依靠传承人的口传心授进行传承。建立各类非物质文化遗产项目的传习所或传习中心也是保护和传承非物质文化遗产的一个非常有效的方法。非物质文化遗产传习所可以为一些濒临失传的技艺提供一个良好的平台，通过这个平台，让越来越多的人学习、研究它们，让项目的技艺传承有更大的空间。此外，应在中小学、职业学校等开设非物质文化遗产保护课程，设立传承基地，从小培养青少年对非物质文化遗产的兴趣，同时造就一大批非物质文化遗产的传承人，使非物质文化遗产得以不断延续。

还要加强对非物质文化遗产知识产权的保护。研究探讨对传统文化生态保持较完整并具有特殊价值的村落或特定区域，进行动态整体性保护。在传统文化特色鲜明、具有广泛群众基础的社区、乡村，开展创建民间传统文化之乡活动。鼓励和支持社会团体、研究机构、大专院校、企事业单位和个人等社会各方面力量参与非物质文化遗产的保护工作。

四、新乡村文化创新能力培育

新乡村文化事业建设要得到有力的保障和长足的发展，要培育新乡村文化创新能力。它涉及诸多方面的内容，比如提高农民的素质，整合乡村文化资源，创新乡村文化运行机制，创新乡村文化供给方式，等等。

(一)培育新乡村文化创新的主力军

新乡村文化创新能力的培育,关键在于农民素质的提高。农民是新乡村文化建设的主体,同样也是新乡村文化创新的主体和主力军。而新乡村文化创新的宗旨最终是为了满足农民日益增长的精神需求,也就是说,其根本性问题是新乡村文化建设与创新是为什么人服务的问题,它的最终归宿和落脚点在于:新乡村文化创新的受益者必须是广大农民群众。因此,在新乡村文化创新能力的培育中,一定要抓住农民是乡村文化创新的主力军这一关键点,提高了农民的整体素质,也就提高了新乡村文化创新能力。

提高农民的素质,有一个关键的途径,那就是要做到:"文化富民""文化乐民""文化安民""文化育民""文化强民"。所谓"文化富民",就是将好的文化资源转化成文化资本,形成文化产业,利用文化资源改变乡村经济社会发展格局,增加农民收入,提高农民的经济状况。"文化乐民"就是利用教育的作用来丰富农村的文化生活,形成一种健康积极向上的、多样化的乡村文化活动新格局,满足农民的文化生活需求,如乡村传统节庆文化活动、民间艺术活动、自编自演具有地方特色和浓郁乡土气息的文艺演出等。"文化安民"就是通过文化的凝聚、浸润和安抚功能,加大文化交流,促进文化的融合,改变农民的生活方式和价值观念,形成良好的社会风气,营造和谐、互助、友爱的乡村人文环境,建设和谐、祥和、安宁的新乡村。"文化育民"就是通过文化特有的教育、传承、传播等功能,加大对新农民的培育力度,组织农民群众学习科学文化知识,并有针对性地在乡村举办各种知识讲座、培训班等,造就一批有文化、懂技术、会经营的新型农民,促进农民综合素质的提高。"文化强民"就是通过弘扬先进文化、扶持有益文化、强调民族精神,树立农民的文化自信和文化尊严,推动农民的精神支柱和精神世界的强大。通过"文化富民""文化乐民""文化安民""文化育民""文化强民"这一系列措施,农民的整体素质必将得到极大提高,新乡村文化创新能力也能相应得到极大的加强。但是,在实践过程中,必须注意,在乡村,农民的文化素质普遍较低,落后、愚昧、言从思想在他们的头脑中难以彻底消除,因此提高农民的整体素质是一个长期的过程,必须以马克思主义和党的领导为原则,以先进文化为引导方向,坚持以民为本的创新理念,以广大农民为出发点和归宿,坚持长期不懈地对农民进行思想教育,以农民自身的实践进行文化创新能力的培育。

(二)创新乡村文化体制机制

依靠体制机制创新,革新所有阻碍自身发展的制度,是培育乡村文化创新能力的重要途径。中共中央办公厅、国务院办公厅出台的《关于进一步加强农村文化建设的意见》（中办发〔2005〕27号），明确提出"丰富农民群众精神文明生活，动员社会力量支持农村文化建设，创新农村文化建设的体制和机制"，具体包括："加快公益性文化事业单位改革；逐步推动经营性国有文化事业单位转企改制；大力发展乡村民办文化"等。这为新乡村文化体制机制改革创新提供了很好的指导。

创新乡村文化体制，首先要改变政府包办一切的历史沿袭，政府作为传统力量应逐步从具体管理中退出，发挥其应有的引导和宏观调控作用，让乡村内部形成创新环境，以城市带动乡村，促进城市和乡村的文化资源整合。

创新乡村文化机制，首先要建立以先进文化为导向的乡村文化运行机制，要坚持马克思主义和党的领导，坚持马克思主义对乡村文化的指导和引领作用，坚持社会主义价值体系，以先进文化为导向，大力推进特色文化建设，推动乡村先进文化的建设，逐步形成"一体多元"的乡村文化新格局。其次，要逐步建立以法律为保障的乡村文化运行机制。要增强农民权利意识，"家"的概念在我国根深蒂固，舍己为家的意识浓厚，个人权利意识淡薄，这也是农民权益屡受侵犯，农民自主创新能力差的原因之一。要完善市场经济体制，通过建立现代制度，促进资源的有效配置，市场的有序运行。要以资本为纽带，大力推进乡村文化产业上下游的有机衔接和有关业务的优化组合，促进乡村文化生产要素的市场化流动，推动乡村文化产业集群、集团发展，全面有效地推进文化体制改革，给乡村文化市场注入新的活力。

要不断健全相关的法律制度。一是要健全文化资源保护法律。目前我国乡村传统文化资源正不断遗失，而且创新的知识产权也无法得到有效保护，因此必须不断完善和创新相关法律制度。二是要完善乡村文化资金管理的法律制度，需要加强资金管理，从而促进效益最大化。三是要进一步用法律来规范民间组织的发展，为其提供良好的发展空间。

（三）整合各方资源

广大乡村发展相对落后，乡村文化处于相对边缘、落后和封闭的状态，同先进文化之间还有不少的差距，多元共存、分化不足、整合不够是当前我国乡村文化的主要特征。所以，在国家的主导下，结合各方面、各平台的资源来形成一个综合性的农村文化服务平台，是新乡村文化创新能力培育的一个重要途径。

首先是整合各部门的资源。目前，由于我国条块治理的行政体制，乡镇文化资源主要分布和沉淀在文化、广电、新闻出版、教育、科技等系统。将分散在各部门的乡村文化建设资源集中使用，在县或乡一级"打包"整体下拨至村一级，是一种可行的选择。其次是充分利用乡村文化资源存量，此前乡村文化经过长期的建设，已经取得了不少进展，如"村村通"等相关的硬件设施，合并后废置的村小学校舍，乡村党员远程教育网络等，在资源投入仍有缺口的条件下建设乡村公共服务体系可以综合利用，充分整合乡村现有文化资源存量，使乡村公共文化的有限资源实现效益最大化。最后是文化动力与市场力的整合创新。

（四）创新文化供给方式

创新文化供给方式，也是新乡村文化创新能力培育的重要方式之一。从全国的情况看，目前文化产品、文化服务供给不足，为基层提供的公共文化资源总量偏少、质量不高是全国普遍存在的现象，也是当前乡村文化建设要解决的重要内容。为此，集成优秀文化艺术产品，创新文化供给方式，着力构筑乡村流动文化服务网络体系，成为新乡村文化创新能力培育的方式之一。乡村流动文化服务网络体系，包括流动演出网，是优秀群众文艺节目的全面集中展示，由政府提供的公共文化服务，体现的是公益性原则，不向农村收取演出费用，不仅解决了乡村有效文化资源的匮乏和异地好的群众文艺节目农民看不到的问题，而且可以增强群众文艺作品的创造力、生命力、影响力和感染力，有利于发挥各地文化馆的龙头带动作用，成为提升自主创新能力的新亮点。方式之二是提升特色，精心打造乡村节庆文化活动品牌。近年来，各地政府为招商引资，发展经济，深入挖掘本地乡村文化资源，提升特色，成功举办了一系列具有鲜明风格和个性特点的大型文化活动，不仅打造了节庆文化品牌，发展了地方经济，而且也为当地农民提供了很有魅力和特色的公共文化服务。方式之三是建立"流动图书馆"。"流动图书馆"的问世，给丰富乡村文化供给方式提供了一个新的模式。它具有如下特点：装备先进，政府集中投资购买流动服务车，以及书柜、桌椅、电脑、灯具、饮水机等设备；服务灵活，既可到集镇文化广场，也可到村边社区；资源吸引力大，由于组织者是地市级图书馆，新书多、期刊多，不仅可以现场翻阅书刊，还可以使用电脑与本馆联网，联网后可以就地阅览数十万种电子图书和中外经典电子图书光盘等庞大数字化资源；服务形式新颖，灯光夜市图书服务形式亘古未有，夏天可以乘凉，既可以看书，还可以上网。"流动图书馆"是城市文化援助乡村的一种极好形式，是解决乡村图书馆、文化室购书难的有益尝试，同时也是创新乡村文化供给方式的有益尝试。

第五章　当代乡村公共文化空间的重构

第一节　当代乡村公共文化空间的发展趋势

乡村公共文化空间不仅是中华优秀传统文化重要的生发地,更是实现中华优秀传统文化创造性转化、创新性发展的重要载体,是我国农村公共文化服务体系建设的核心内容,在中国特色社会主义建设中有着特殊的意义和价值。新的历史时期,无论是中国特色社会主义建设的目标要求,还是实现乡村振兴战略的现实需要,或是信息技术、科技创新使公共空间发生的"质变""裂变",都将形成巨大的推动力,推动我国乡村公共文化空间获得新的发展。

一、从"农村公共文化空间"走向"乡村公共文化空间"

党的十九大报告中,把长期以来对农村的称谓从"农村"变成了"乡村"。从概念及使用看,在我国日常表达和学术研究中,对"农村"和"乡村"的使用并无严格限定,在《辞海》中"农村"与"乡村"也是通用的。但从历史来看,我国先有"乡村"后有"农村","乡村"比"农村"的历史更为悠久。近代之前,中国传统社会里只有"乡村",没有"农村",这是中国几千年文明史中一直沿用下来的称谓。近代以来,受西方"三次产业"分类影响,我国开始把专门从事农业生产的经济单元称为"农村","农村"的说法逐渐替代了"乡村"。从我国社会发展来看,实际上"农村"与"乡村"交替使用,既有20世纪30年代的"中国乡村建设",也有20世纪五六十年代社会主义的"新农村建设",以及党的十九大新提出的"乡村振兴"。有学者指出,随着改革开放带来农村社会的系列变革,"农村"概念其实已很难适应社会发展的实践,其地域的模糊性、不确定性和社区特征的不明显性等使这一概念的外延突破了其内涵，建议用"乡村"来代替"农村"概念。

乡村是一个携带着中华民族五千年文明基因，且集生活与生产、社会与文化、历史与政治多元要素为一体的人类文明体。乡村承载着中华民族浓郁的乡土情怀，也是乡土社会的根本特征。在乡村振兴战略中，党中央从"农村"转向"乡村"的表达，虽然只是一字之差，但内涵及意义有很大不同。用具有中华传统文化特色、内涵更丰富外延更广泛的"乡村"替代"农村"，打破了一直以来我国沿用基于现代产业体系分类所产生的、专指从事农业生产的经济单元的"农村"概念框架，这不是简单的概念变化，更不是复古，而是用更为全面、系统、发展的眼光来看待乡村社会。要促进乡村的全面振兴，这是一种认识论的提升，体现了党中央对我国乡村振兴的新定位和新要求。

新时代从"农村公共文化空间"走向"乡村公共文化空间"，一方面，这是指我国乡村公共文化空间建设要回归乡村的本源，找到文化根底、文化根本属性。乡村公共文化空间是五千年中华文明之根脉所在，是中华优秀传统文化传承创新的最重要载体，也是乡村文明复兴的关键。因此，要大力挖掘优秀农耕文明，挖掘传统文化中蕴含的人文精神、道德规范、价值理念，弘扬正能量，充分发挥公共文化空间的意义阐释与价值生产功能，推动中华优秀传统文化在公共文化空间生产中的传承、创新和发展，培育乡村社会的公共精神，塑造乡风文明。另一方面，要从广义范围理解、建设乡村公共文化空间。在我国，对"公共文化"的狭义理解，是指政府为全体民众提供的文化服务，属于国家"公共服务"的一个重要组成部分，这也是当前我国城乡公共文化建设的主体部分，核心模式为政府主导的新型公共文化空间。但受历史等多种因素的影响，我国广大乡村地区仍然保留着大量民俗形态的公共文化，它们在规范乡村社会的生产、生活秩序中扮演着重要角色，属于广义范围内的"公共文化"。因此，我国公共文化、公共文化服务体系建设中事实上存在着政府与社会的"双元主体"。与之相应，现实中我国乡村公共文化空间也存在两个大类：一类是狭义的乡村公共文化空间，即政府主导，为保障公民文化权益所提供的系列乡村公共文化服务，如"三馆一站"公共文化设施、"送戏下乡"等相关公共文化活动；另一类是广义的乡村公共文化空间，包括由民间主导、传统意义上的公共文化空间，如庙会、节庆、街市、集市等。在现实中，这类传统公共文化空间的民众参与度更高，也更受村民喜爱。从"农村公共文化空间"到"乡村公共文化空间"的回归，也指在乡村文化建设中，要从狭义公共文化空间扩展到广义公共文化空间，既要重视政府主导的新型公共文化空间建设，也要重视民间主导的传统公共文化空间的发展和建设,要充分发挥不同主体公共文化空间的功能和作用,促进两类公共文化空间的共同发展及融合互动。

二、从"乡村公共文化空间重构"走向"社会主义公共文化空间建构"

在我国乡村历史发展进程中,"重构"不是一个新词。重构的起因,往往是被破坏、被摧毁、被解构等。梁漱溟先生曾指出,中国近百年史,也可以说是一部乡村破坏史。这些对文化属性的破坏,可从"礼俗、制度、学术、思想"等的改变观察到。那么,应当如何进行乡村建设,如何应对这些破坏,当时的学者们纷纷提出重构乡村社会的各种思想并开展试验,开启了轰轰烈烈的乡村建设运动。随着历史车轮的滚滚前行,20世纪70年代末,我国开始推行改革开放政策,进行经济体制改革,快速城市化、市场经济理念对乡村的侵蚀引发了中国乡村社会的剧变。有学者分析指出,"公共性消解"成为这一时期乡村文化最突出的特点:农民公共文化生活日渐衰微,公共舆论瓦解,村社共同体解体,公共精神丧失,伦理道德弱化,村庄失去了自主价值的生产能力。正是乡村文化建设滞后弱化了公共文化生活空间,而公共文化生活空间的弱化又进一步加剧了乡村文化的衰落,形成公共文化空间与乡村文化的"双向弱化"。面对社会普遍的文化贫困、乡村公共文化生活的隐退、乡村社会日益衰落等社会现实,"重构乡村社会和文化"再次成为我国乡村建设的逻辑主线,而寻找重构的路径则成为乡村公共文化建设的使命,如聚焦于乡村公共服务建设、乡村公共空间的重构以及乡村精英公共精神的培育等方面。

顾名思义,"公共文化空间"强调公共性,重视公民的文化权益,追求公平正义,具有明确的价值取向。"重构"是一个多义词,通常指重建、再现,也指重建物、复原物,有改造、复兴之义。因此,这里"乡村公共文化空间重构"说法在表达上有些语焉不详,容易引起歧义,这个"重构"究竟是指恢复重建、复兴,还是解构、完全打破,再重新建,类似表达易造成内涵混淆。最关键的是,这里"重构"的目标不明晰,缺乏明确的价值取向。因此,与其说"乡村公共文化空间重构",毋宁说"社会主义公共文化空间建构",如此表达更切中要义,明确我国公共文化空间的根本性质是社会主义,明确我国乡村文化建设的目标指向为"社会主义公共文化空间"建设。实际上,早在改革开放之初,党中央就十分强调社会主义精神文明建设,明确提出社会主义制度的优越性要体现在文化上,要加强社会的科学文化普及和社会主义道德建设。2005年10月,中共十六届五中全会通过了《中共中央关于制定国民经济和社会发展第十一个五年规划的建议》，明确提出"建设社会主义新农村"，提出"生产发展、生活宽裕、乡风文明、村容整洁、管理民主"的20字方针。2017年10月，党的十九大提出了"产业兴旺、生态宜居、乡风文明、治理有效、生活富裕"的20字方针。将两个方针进行比较，可以看出党中央对我国社会主义农村建设的总体要求在提高，内涵也更为丰富，而"乡风文明"的要求始终如一，说明党中央对社会主义乡村文化建设目标的一贯性，这也是我国社会主义公共文化空间建设的核心目标。

新时代从"乡村公共文化空间重构"走向"社会主义公共文化空间建构"。不仅是对概念的调整，更是中国特色社会主义进入新时代，围绕中华民族伟大复兴中国梦的实现，围绕乡村文明的复兴，提出目标明确的社会主义公共文化空间的发展之路。文化建设的核心要义是思想道德和价值观念的培育，这是构成与我国特定社会制度相联系的文化领域的重要内容。中国特色社会主义文化是社会主义经济和政治的反映，其核心本质是社会主义核心价值体系，而核心价值体系及核心价值观，除了具体观念形态的表现外，也渗透于村民文化和日常生活之中。新时代我国乡村公共文化空间建设，必须以培育和践行社会主义核心价值观为根本任务，充分发挥社会主义核心价值观对公共文化建设的引领作用，建构和完善中国特色社会主义乡村公共文化空间。通过乡村公共文化空间的场域建设、活动安排、制度设计等促进社会主义公共文化空间的生产实践激发乡村社会民众的文化自主性，培养社会主义公民意识，促进公民道德素养的提升，满足乡村基层民众对美好生活的精神追求，同时推动中华优秀传统文化实现创造性转化、创新性发展。有学者指出，乡土文化振兴应当成为乡村振兴战略的灵魂。文化趋同背景下，作为传统文化、地域文化的主要积淀地和保留地，乡村地域的文化价值应形成其有别于城市的独特魅力。因此，在新时代乡村公共文化空间建设中要充分利用乡土文化，构建出以社会主义核心价值观为引领，促进中华优秀传统文化传承创新的，具有文化认同感的中国特色乡村公共文化空间，探索新时代公共文化发展的中国道路和中国模式。

三、从"乡村公共文化空间主体"走向"城乡公共文化空间共同体"

从历史看，我国传统社会一直处于城乡一体的发展之中，城乡并无明显差距。随着国家现代化的推进，这种城乡一体状态很快被打破，开始出现"城乡背离化"。有学者指出，在近百年中国现代化进程中，乡村不断衰败凋敝，这跟近百年来我国所选取的经济发展道路不无关系。实际上，正是在国家积极推进工业化、城市化的政策主导下，我国重工业、轻农业，重城市、轻农村现象日益突出。农业让渡工业、农村让渡城市，乡村渐趋隐退，完全成为城市粮食供应的保障地，成为城市化的"缓冲地"和"蓄水池"，依附于城市，为城市服务、为工业服务。随着大量农村人口的流失，农村空心化现象突显。伴随着经济体制改革，一方面，快速的市场化、城市化进程使城市建设获得举世瞩目的成就；另一方面，农村经济、政治、文化、社会发展却全面迟滞。特殊的城乡发展模式导致我国独有的"三农"问题出现，且日趋严重。长期单一向度的城市化发展路径不仅无助于"三农"问题的解决，还导致城乡差距越来越大。在我国"三农"问题中，最先解决的是农业问题。早在2004年，"三农"问题专家陆学艺就曾指出："我国'三农'问题总的情况是农业问题已基本上得到解决，但农民问题和农村问题还很严重。"由于历史欠账过多、基础薄弱，我国城乡发展不平衡不协调的矛盾依然突出。现阶段，我国发展最大的不平衡是城乡发展不平衡，最大的不充分是农村发展不充分。

城市和乡村，可谓客观存在的两种对立形态。自从有了城市和乡村，城乡关系就一直是人类社会关注的焦点问题之一。城市和乡村如何发展，应构建何种城乡关系，早期空想社会主义者托马斯·莫尔曾提出过建立城乡无差别的理想社会；马克思和恩格斯则批判了资本主义制度下的城乡对立，提出了城乡一体化的思想。2003年，党的十六大正式提出了"统筹城乡"的概念；2005年，习近平同志在任浙江省委书记时提出"统筹城乡发展，就是要突破城乡二元结构，把城市与乡村作为一个整体来筹划，通过工业支持农业、城市反哺农村，着力形成以工促农、以城带乡的发展机制，实现城乡互补、互促共进、协商发展和共同繁荣"，明确阐述了其城乡发展的思想。2012年，党的十八大提出"推动城乡发展一体化，加大统筹城乡发展力度，增强农村发展活力，逐步缩小城乡差距，促进城乡共同繁荣"。2017年，党的十九大正式提出了"城乡融合"，强调要推动城乡要素自由流动、平等交换，促进公共资源城乡均衡配置。在我国《乡村振兴战略规划（2018—2022年）》中，则明确了乡村要与城镇"互促互进、共生共存"，共同构成人类活动的主要空间。在我国城乡发展历程中，自2000年我国正式提出"城镇化"，到后来"城乡统筹—城乡一体化—城乡融合"的城乡发展战略，呈现出城乡价值趋同、城乡共生发展的理念，可以看到党中央的城乡发展理念和对城乡的明确定位。

新时代从"乡村公共文化空间主体"走向"城乡公共文化空间共同体"，有三层含义。第一，城市公共文化空间和乡村公共文化空间共同组成了我国的公共文化空间。这里的"城乡公共文化空间共同体",不是"你中有我,我中有你"的完全城乡一体,而是指"城乡发展共同体",正是这一共同体构成了中国特色公共文化空间的重要组成部分。在国家城乡发展战略的大背景下,"乡村公共文化空间"与"城市公共文化空间"应当是一个共同体,而不应是单一向度的发展。不应当再就乡村谈乡村,而是要从利益共同体、发展共同体的视角来统筹谋划,通过资源要素在城乡之间的合理配置,实现城乡公共文化空间的全面发展、共生共荣。第二,长期的城乡失衡、突出的城乡二元结构,导致我国公共文化空间的城乡发展不平衡。即便近年来国家大力推动基层公共文化建设,推进基本公共文化服务标准化和均等化,我国城乡公共文化空间二元化的现象仍然十分突出。城乡公共文化投入差距巨大,大部分城市公共文化设施完备,尤其发达地区、发达城市,公共文化设施高配现象突出,如动辄建设数亿、数十亿的剧场,这些高投入、高成本的项目不少却运行低效。而大量基层,如县级、村级,以及一些中西部落后地区的公共文化设施缺口大,文化活动十分匮乏,同时也存在政府供给与基层文化需求不匹配、资源闲置浪费等现象。因此,当前不仅亟须打破长期存在的城乡二元结构,解决公共文化空间突出的城乡失衡问题,而且要改变公共文化配套设施、公共文化服务供需不平衡、结构失衡的现状,逐步实现均衡发展。第三,要加强"乡村公共文化空间"与"城市公共文化空间"的融合互动。构建城乡良性互动、和而不同、协调发展的公共文化空间互动机制,实现共赢,并充分发挥城乡公共文化空间各自的优势和特色,形成具有独特魅力的中国特色公共文化空间。同时,要注重挖掘乡村优秀传统文化资源,促进乡村社会对传统文化的认同,通过空间生产的转化,使其内化为乡村公共文化的发展动力,推动乡村振兴,重塑与城市"各美其美、美美与共"的新时代乡风文明。

四、从"现实"公共文化空间走向"现实"与"虚拟"公共文化空间的共在

在世界范围内开始的信息技术革命,给人类社会带来了巨大而深远的影响,使社会的形态发生了改变,社会重组和再结构化,新的时空和新的时空观也由此产生。1986年,威廉·吉布森提出"赛博空间"的概念,指没有具体客观实体的世界,由此产生了虚拟空间、网络空间等新概念。1996年,曼纽尔·卡斯特尔在《网络社会的崛起》等著作中指出,网络社会的空间可以区分为地域空间和"流的空间",后者是一种新的空间形式,即通过网络的互联互通使信息在世界范围内流动。在公共文化领域,信息技术使社会发

生空前裂变，时空压缩，改变了传统的物理形态空间，产生了虚拟的公共文化空间。这是一种完全不同于传统的文化空间样态，它深入到社会生活的各个领域，泛在性加强，处于无中心化和恒变之中。这种新型空间和传统空间相比，已发生了质的变化。虚拟公共文化空间在我国公共文化服务体系建设中已受到高度重视，如当前大力推进的公共数字文化建设，充分运用数字化、信息化的网络平台，有效提升了公共文化的服务能力，拓展了公共文化的传播范围。

网络空间已成为人类社会重要的活动空间之一，成为当今世界不容忽视的重要领域。党的十九大报告中提出要"加强互联网内容建设，建立网络综合治理体系，营造清朗的网络空间"。习近平同志强调，要树立网络空间思维，使网络空间与现实空间共同有效地服务于人类生存和国家发展。他从人类生存和国家发展的高度审视网络空间，指出"网络空间是人类共同的活动空间"，"互联网引起了人类生存和国家发展的空间革命，网络空间成为与包含传统领土、领海、领空和太空在内的现实空间并行存在的一个新空间"。截至 2020 年 12 月，我国网民数量达到 9.89 亿，拥有全球第一的网民规模，其中农村网民规模为 3.09 亿。我国《乡村振兴战略规划（2018—2022 年）》中指出，要"夯实乡村信息化基础"，"加快农村地区宽带网络和第四代移动通信网络覆盖步伐"；2019 年中央一号文件提出要实施"数字乡村战略"；"十四五"规划提出要"将数字技术与公共文化服务有效结合"。这些国家政策和导向为乡村虚拟公共文化空间的拓展创新提供了良好的条件。

新时代从"现实"公共文化空间走向"现实"与"虚拟"公共文化空间的共在，对乡村公共文化空间发展来说具有如下含义。第一，虚拟空间既是文化的呈现载体，又是文化的生产场域，推动着公共文化生产。要充分认识到新时代虚拟公共文化空间生产的重要性，以及从现实公共文化空间向虚拟公共文化空间发展的不可逆趋势，把握好信息技术、科技创新为乡村公共文化空间带来的新发展机遇。例如，虚拟公共文化空间不但可以满足村民对网络文化的新型文化需求，还可以在网络平台上突破现实因素制约，使乡村公共文化空间获得超常规发展，更好地保障村民的文化权益，提升乡村公共文化服务水平。又如，虚拟公共文化空间可使传统文化资源得到更好的开发利用，实现传承创新和共享。有研究表明，网络公共生活复兴，可使分散在不同时空中的村民个体再聚合，密切社会交往，重构社会连接，实现"网络共在"。而村民们通过网络公共参与重建乡土舆论，重构乡规民约，重兴乡土精神，实现了乡土公共性的再生产。第二，要加强虚拟公共文化空间与现实公共文化空间的融合互动与创新。虚拟空间源于现实生活在信息技术作用下的衍生和嬗变，虚拟与现实之间相互渗透、影响、塑造，因此要加强虚拟公共文化空间与现实公共文化空间的融合互动，创建现实公共文化空间与虚拟公共文化空间相互作用、相互消长、共同发展的融合机制，构建虚拟空间与现实空间之间的新秩序。此外，虚拟公共文化空间不仅关乎我国公共文化事业的发展，更涉及意识形态安全、国家总体安全，因此要重视意识形态的虚拟化迁移，强化虚拟空间中社会主义意识形态的传播，加强对虚拟空间的引导和规范管理，营造虚拟公共文化空间的良好生态，促进其健康发展。

空间是事物存在和运动的基本方式，也是人类所面临的一个深刻、复杂而永恒的命题。伴随着公共文化空间的深入实践，空间的社会化与社会的空间化，空间的文化化与文化的空间化，空间的科技化与科技的空间化等现象正不断相互交织，形成新的图景，对人类社会产生深远的影响，也使公共文化空间的发展不断面临新的机遇与挑战。新时代中国特色社会主义公共文化空间建设，需要不断探索前行。

第二节　当代乡村公共文化空间重构路径

在新的历史时期，随着社会主要矛盾的转化，乡村公共文化空间建设的重心将转向解决乡村社会日益增长的对高质量公共文化服务的需求与现有乡村公共文化服务建设的不平衡不充分之间的矛盾。同时，在社会主义文化强国的战略目标框架下，随着国家乡村振兴发展要求的提出，以及数字化时代来临国家推动数字乡村建设，加快乡村社会转型升级等现实需要，新时代中国乡村公共文化空间进行转型与升级、重构与创新，推动高质量发展的必要性和紧迫性十分突出。

一、我国乡村公共文化空间重构路径研究

从 21 世纪初至今，我国乡村建设经历了从 2002 年提出"解决'三农'问题作为全党工作的重中之重"到 2006 年提出"抓好基层文化建设、加大力度改善乡村公共文化

基础设施条件、保障农民基本文化权益"的发展历程，国家"三农"工作的重心逐渐转移，乡村公共文化建设日益受到重视。伴随着乡村公共文化建设的推进，乡村公共空间经历了"村落公共空间—农村公共文化空间—乡村公共文化空间"的发展过程。

在国内学术界，研究乡村社会重构，讨论乡村公共文化生活和公共文化空间重构并非新命题。我国正式提出乡村振兴战略以前，已有部分学者关注乡村公共文化空间的重构问题，如吴理财和李世敏（2009）分析农村公共文化陷落和衰败颓势，指出正是农村传统文化中"公共性"的消解导致农村公共文化的陷落，提出"嵌入论"和市场化是重构农村公共文化的现实出路。马永强（2011）提出，可通过乡村传统公共文化空间和载体的改造和利用，培育和建构新的公共文化空间和载体，实现新的乡村文化形态的重塑。随着乡村振兴战略的实施，越来越多的学者开始关注乡村公共文化空间的重构，探讨重构路径。

（一）借鉴西方理论，提出重构路径

傅才武和侯雪言（2016）借鉴场景理论，构建了由物理空间、活动空间、机制空间三个主维度和十五个次维度组成的农村公共空间分析框架。其中物理空间主维度包括空间类型、设施设备、空间距离、辐射范围、人流量五个次维度；活动空间主维度包括活动类型、活动场次、参与人次、群众满意度、社会反响五个次维度；制度空间主维度包括财政保障、社会参与、队伍建设、法律法规、绩效评价五个次维度。刘亚玲（2018）从物理空间、虚拟空间、制度空间分析乡村传统文化场域嵌入的方法路径，认为在物理空间场域，要重构乡村生态空间、注重传统文化工程、培育地方特色文化产业；在虚拟空间场域，要注重数字化公共文化资源建设工程与乡村有线广播等虚拟空间，为乡村传统文化传承提供便捷的时空载体；在制度场域，从规制性、规范性、文化认知性三个要素分析了国家层面有关公共文化服务体系的政策性框架。张培奇和胡惠林（2018）、张理（2020）从乡村公共文化物理空间、乡村公共文化活动空间、乡村公共文化制度空间三个方面提出乡村振兴进程中乡村公共文化空间建构的路径选择，认为要打造科学、人性化的乡村公共文化物理空间、整顿改革传统节庆活动、关注民众参与、积极推动公共文化供给侧结构性改革、鼓励社会力量参与。疏仁华（2019）从现实空间、生活空间与制度空间三个方面重构农村公共文化的空间结构，指出在现实空间应注重"互联网+"环境下的公共文化服务；在生活空间要坚持以农村居民为中心，以农村居民的文化需求为导向；在制度空间要加强宣传国家文化意识形态和互联网意识。王智洋（2020）从神俗性公共文化空间、日常性公共文化空间、政治性公共文化空间，以及大众文化秩序的恢复与更新方面提出重构路径，认为要具体从社会结构中个体文化关联互动的重塑、文化作品内容与形式的革新、文化传播途径的利用与开发三个方面恢复与更新大众文化秩序。

（二）针对具象空间，提出重构路径

傅才武和许启彤（2017）以文化站为代表，提出推进基层文化机构改革的总体思路和分类改革策略，确立以结构性改革方案解决体制性问题的基本思路和实施"办、转、买"分类的改革策略。胡小武（2017）分析了公益型书院建构乡村文化资本的路径，同时认为公益型书院开启了城市资本与"知本"的"双下乡"模式。王子舟（2016）分析了民间图书馆的建设，认为民间图书馆的建设要继续走"民办官助"的发展道路，通过"微整形"跨界组合拓展新形态、新功能，运用新技术提升民间图书馆的质量。张祝平（2016）、黄梦航（2018）、余永林（2019）分别从乡约乡建、运作模式和变迁历程等方面来启示文化礼堂的建设，认为要以传承创新为原则，兼顾大小传统，嵌入型和本土性相结合，制定增量改革策略和开放的制度体系。贺一松等（2019）从政府引导机制、民间自治机制、传统功能的发展机制三个方面提出建设村落祠堂的具体措施。汪圣和田秀娟（2019）运用SWOT分析模型提出基层文化机构参与乡村文化振兴事业的相关策略矩阵，具体包括拓展型策略（ST）、扭转型策略（WT）、多元化策略（ST）和防御型策略（WT）。萧子扬和叶锦涛（2020）基于产业兴旺、生态宜居、乡风文明、治理有效、生活富裕的乡村振兴总目标，来探索新时代背景下公共图书馆参与乡村文化振兴的可行路径。张东华和高芮（2020）提出数字乡村战略背景下公共档案馆文化场域建构路径——"数字化+文化引导""数字化+平台建设""数字化+文化供给""数字化+文化治理"。还有针对某一类乡村公共文化空间的研究，如包鑫（2020）提出从建设数据基础设施培育乡村主体、实现知识共建共享、多主体协同等方面助力虚拟文化记忆空间建设。

（三）基于参与视角，提出重构路径

陈波和侯雪言（2017）针对如何建设和完善公共文化空间以提高农村居民文化参与率的问题进行了研究，认为要从完善公共文化设施、整合公共文化资源、关注文化表达、构建文化数据库等方面提高文化参与率。陈波和丁程（2018）基于场景理论的方法和实

地考察结果提出优化农民文化参与的建议：要正视内生性文化空间和外生性文化空间、私人文化参与和公共文化参与之间的关系；培育内生性公共文化资源，加强对农村传统公共文化场景的保护和利用；避免以行政手段直接进行文化配送。耿达（2019）从扎根乡土、政府引导、社会力量、功能转型、民众参与等角度提出中国乡村公共文化空间建构的思路和启示。

此外，有部分学者从多主体协同视角提出乡村公共文化空间重构的具体路径，如陈波（2018）、耿达（2019）、刘玉堂和高睿霞（2020）、关琼严和李彬（2020）认为农村公共文化空间的建构需要国家、社会、市场等多方力量的共同作用。从政府角度来看，要优化公共文化服务供给，发挥对市场和农民的鼓励引导作用；从社会角度看，要提升农民在乡村文化领域的参与度，引入市场运行机制；从农民角度来看，要有主体意识、文化自觉意识。

整体来看，多数学者根据乡村公共文化空间的类型，或针对某一类、某一种具体的乡村公共文化空间开展对策与路径研究，呈现出研究视角集中、研究方法多元的特点，研究成果呈系统化、理论化趋势。其中，以傅才武、陈波为代表的学者重视乡村公共文化空间的文化属性，以多角度、理论化的思路尝试构建乡村公共文化空间的研究框架，他们的观点被不少学者引用。例如，对乡村公共文化空间基本概念的界定和空间维度的设计，陈波和李婷婷（2015）提出，"农村公共文化空间"是"农村社区内的人们可以自由进入并利用公共文化资源进行文化生活的公共场所，以及人们能够参与其中享受文化福利的公共文化活动"。傅才武和侯雪言（2016）提出"农村公共文化空间"是一个既包括农村文化生活所依托的物理场域，又涵盖文化资源、文化活动和文化机制在内的整体性概念。同时，其借鉴亨利·列斐伏尔的三重空间概念，结合农村地区文化建设实际情况，设定了乡村公共文化空间的三个维度：物理空间、活动空间和机制空间。这一观点也被广泛认可和引用，成为国内乡村公共文化空间使用最广泛的三维度。

二、新时代中国特色乡村公共文化空间重构路径

探讨乡村公共文化空间重构路径之前，不妨先明确对"乡村公共文化空间"和"重构"两个关键词的理解和诠释。乡村公共文化空间是在乡村地域范围内，一个由主体——人（乡村居民），客体——物质性空间（或虚拟空间），以及活动空间、机制空间共同构成的，集空间性、公共性、文化性、生产性、乡土性于一体的系统场域，具

有意义阐释与价值生产的重要职能，是国家乡村公共文化建设的主体。"重构"从词义看，是一个多义词，通常指重建、再现，也指重建物、复原物，有改造、复兴之义。这里所谓乡村公共文化空间的"重构"，取其重新调整和优化之义，指为适应事物内部要素和外部环境的变化，通过优化配置相关的各项物质和非物质要素，重新调整、规范事物内部各要素之间的关系和秩序，实现事物内部各要素结构优化、功能提升，以及事物本身与所处环境的协调共生。对于乡村公共文化空间而言，这里重构的核心意蕴为乡村公共文化空间要素的优化配置和空间体系健康的有效运行。

结合对新时代中国乡村公共文化空间的理解，本书在乡村公共文化空间重构路径的选择上，一方面采用了前述学者提出的认可度较高的乡村公共文化空间"三维度说"，即物理空间、活动空间和机制空间；另一方面，又基于"三维度说"的局限，例如对价值空间关注不够，对快速发展的虚拟空间关注不足，对人的主体性地位的重视不够等，尝试从更全面的视角提出了六维度重构的观点，即从价值空间、物理空间、活动空间、机制空间、社群空间、虚拟空间六个维度重构新时代中国特色乡村公共文化空间。

（一）乡村公共文化价值空间的重构

乡村公共文化价值空间是指乡村公共文化的价值取向和价值理念。众所周知，无论何种载体、何种形式的公共文化产品，其内核或实质都是某种价值理念，这些价值理念往往透过物质形式潜移默化地传递给人们，影响着人们的行为。因此，《中华人民共和国公共文化服务保障法》中开宗明义地指出，该法是为加强公共文化服务体系建设，丰富人民群众精神文化生活，传承中华优秀传统文化，弘扬社会主义核心价值观，增强文化自信，促进中国特色社会主义文化繁荣发展，提高全民族文明素质制定的法律，明确表达了"弘扬社会主义核心价值观"是我国国家公共文化服务、公共文化产品的价值理念。核心价值观是一个民族赖以维系的精神纽带，是一个国家共同的思想道德基础，是价值理念的集中体现。如果没有共同的核心价值观，一个民族、一个国家就会魂无定所、行无依归。2014年，习近平同志在北京大学考察时曾指出："一个民族、一个国家的核心价值观必须同这个民族、这个国家的历史文化相契合，同这个民族、这个国家的人民正在进行的奋斗相结合，同这个民族、这个国家需要解决的时代问题相适应。"我国是社会主义国家，社会主义核心价值观是社会主义核心价值体系的内核，其主要内容包括富强、民主、文明、和谐，自由、平等、公正、法治，爱国、敬业、诚信、友善，是社会主义核心价值体系的高度凝练和集中表达。在乡村建设中能否构建具有强大感召力的核心价值观，关系着社会的和谐稳定，关系着国家的长治久安。2021年4月，十三届全国人大常委会第二十八次会议通过的《中华人民共和国乡村振兴促进法》明确指出，本法是为了全面实施乡村振兴战略，促进农业全面升级、农村全面进步、农民全面发展，加快农业农村现代化，全面建设社会主义现代化国家制定的法律，指明了建设社会主义现代化国家是乡村振兴的根本目标。该法第七条明确规定："国家坚持以社会主义核心价值观为引领，大力弘扬民族精神和时代精神，加强乡村优秀传统文化保护和公共文化服务体系建设，繁荣发展乡村文化。"因此，新时代中国特色乡村公共文化价值空间重构的核心是社会主义核心价值观的培育和践行。用社会主义核心价值观凝心聚力，构建健康和谐的乡村公共文化空间。

重构新时代中国特色乡村公共文化价值空间，首先要明确社会主义核心价值观的基本定位，强调公共文化空间鲜明的价值取向。吴理财等曾提出，我国乡村公共文化服务的价值取向是"核心价值引领"和"公共需求导向"的有机结合。这一研判也适用于我国乡村公共文化空间的建设。在乡村公共文化空间重构实践中，首先，要坚持社会主义先进文化的前进方向，用社会主义核心价值体系引领乡村公共文化空间的建设。要把社会主义核心价值观全方位、深层次地融入乡村公共文化建设的各个空间维度，通过各维度、各环节建设，逐步将其转化为人们的情感认同和行为习惯，引导农村居民形成社会主义核心价值观与价值取向，使农村居民形成对公共文化的感觉认知与价值聚合。例如，可将新时代文明实践中心、乡村文化讲堂等载体的建设作为乡村培育和践行社会主义核心价值观的重要公共文化空间。其次，要满足正确价值观引领下人民群众日益增长的对美好生活的文化需求，以及对高质量公共文化服务的需求；使农村民众的基本文化权益得到充分保障；重视农村民众文化需求的发展和变化。再次，要通过乡村公共文化价值空间重构，校准和丰富乡村居民的内在文化涵养，构建新的、完善的价值体系，完成价值生产的过程。乡村公共文化空间是农村居民参与文化生活的场所和载体，对于农民的生活和农村社会的和谐稳定具有十分重要的意义，"很大程度上影响着农民物质生活和精神世界的状态，影响着乡村社会的道德价值和秩序体系"。当前，我国正处在经济转轨的过程中，农村民众群体表现出多重价值观念叠加、传统道德规范丧失，全新的、完善的价值体系还未形成等现实状况，因此急需加强公共文化价值空间的重构。

习近平同志多次强调，核心价值观是决定文化性质和方向的最深层次要素。培育和弘扬核心价值观，有效整合社会意识，是社会系统得以正常运转、社会秩序得以有效维护的重要途径，也是国家治理体系和治理能力的重要方面。重构中国特色乡村公共文化价值空间，要切实把社会主义核心价值观贯穿于乡村公共文化空间的各个维度和各个环节，通过教育引导公共文化活动实践，使社会主义核心价值观内化为人们的精神追求，外化为人们的自觉行动。在公共文化空间重构的各维度中，价值空间是引领，是乡村公共文化空间构建的根本和基础，也是最重要的核心性维度。如果说物理空间、活动空间是乡村公共文化空间重构时外在的直观表现，虚拟空间是一种技术的呈现和支撑，机制空间是空间体系运行的重要条件，那么价值空间则是中国特色乡村公共文化空间重构的根本。

（二）乡村公共文化物理空间的重构

乡村公共文化物理空间，也称物质性空间，是乡村进行公共文化活动所依托的主要载体和空间，包括乡村的文化场所及设施、乡土文化资源等。乡村公共文化物理空间可大致分为传统乡村公共文化物理空间和新兴乡村公共文化物理空间两大类。传统物理空间是指如寺庙、祠堂、戏台及水井旁、老树下等开展民间传统活动、村民日常聚集的物理场域；新型物理空间则包括文化馆、文化站、群艺馆、图书馆、农家书屋等，也包括近年来在乡村地区兴起的市场化文化空间，如民俗街区、文化园区、创意社区等。在乡土中国，乡村是中华文明之根、中华传统文化之源，是中华民族乡愁之所在。这些充满乡土气息、寄托乡愁、具有地域性特征的传统物理空间是民族文化重要的物质载体。对于民间老百姓而言，这些空间有着天然的亲切感，深受民间喜爱，最容易在民间产生文化认同感，也是农村民众最为熟悉的乡村公共文化物理空间。

我国乡村历史悠久。受地理环境、气候特征、历史进程、发展条件等因素影响，我国乡村形态呈多元化的状况，有着较显著的地域性特征。然而，随着城镇化和现代化社会的推进，乡村传统文化根基正在逐渐消解，传统乡村公共文化物理空间作为乡村地域特征的有形载体，正遭到破坏和瓦解，呈现出"功能弱化"的现象，出现了村落宗族文化没落、戏台空置、寺庙和祠堂衰落等问题。随着国家乡村振兴战略的推进及社会对乡村建设的日益重视，一批新型乡村公共文化空间，如农家书屋、文化站、文化礼堂、新时代文明实践中心等纷纷兴起。根据近年的一些实证研究以及实地调研情况来看，部分新型乡村公共文化物理空间建设并不尽如人意，部分存在如管理模式固化、设施配置落后、不能满足民众公共文化需要，抑或资源闲置浪费等问题。面对传统乡村公共文化物理空间日渐衰落新型乡村公共文化物理空间尚存在较多问题的现状，在乡村振兴等多重国家战略要求的背景下，研究如何重构乡村公共文化物理空间并使其更好发挥效用的必要性十分突出。

新时代重构中国特色乡村公共文化物理空间，既要针对我国物理空间的不同类型采取相应措施，又要注重中华优秀传统文化的保护与传承，突出乡村地域性特色。尤其是在对乡土文化资源进行挖掘与利用时，要注重物理空间与乡村文化内涵的深度融合及创新。

重构传统乡村公共文化物理空间，要加强对优秀传统文化资源的保护利用，重视对优秀传统文化的传承。传统乡村公共文化物理空间通常是村民历史情感寄托的所在，是他们长期生活、密切接触、十分熟悉的公共场所，是乡村传统文化的突出体现，也是最能引起村民文化记忆、文化共鸣的物质载体。因此，在传统型物理空间中，应遵循保护利用的原则，注重传承文化特色、展示文化底蕴、创新文化样态，依法保护传统村落和乡村风貌，挖掘优秀农业文化深厚内涵，传承和发展优秀传统文化。例如，可对村落古建筑、祠堂等具有符号意义的标志性建筑或独具地方特色的空间场所进行视觉化、地域性文化地标、空间标识、文化符号的构建，打造地方特色文化品牌。而对于一些年代久远、不便动工的建筑或场所，则应在保护原貌的基础上合理修缮。既保留传统公共文化空间所具有的历史文化底蕴、留存乡村公共记忆，又将其"活化"，实现传统要素和现代文化功能的有机结合，防止"保护性破坏"静态保护下导致的废弃与破败状态。例如，有学者在对湖北大悟县九房沟古寨堡的调研中发现，该地祠堂虽是县级文物保护单位，但年久失修，建筑的内部结构破损严重。这些场所保护的路径有：一方面在尽可能保留祠堂原本样态的基础上进行修缮，将祠堂作为村落的文化活动场所，实现其文化功能的更新与现代化拓展；另一方面，在实践中加强产业融入，积极开发祠堂文化旅游功能等，实现传统乡村公共文化物理空间重构与可持续发展。

重构新型乡村公共文化物理空间，要重视对物理空间的创新利用和开发，避免空间的格式化和形式化。新型乡村公共文化物理空间是国家推动乡村发展的重要之举，随着新型城镇化、新农村建设、乡村振兴等战略的实施，国家对乡村公共文化建设的推进进行了大规模的投入，但无论是乡镇文化站、农家书屋，还是乡村文化体育设施建设等，都不同程度存在利用率不高、供需错位、闲置浪费等现象。因此，对这类乡村公共文化物理空间的重构，要着重提高空间的利用效率。一方面应在功能和形式上注重创新，在内容上强调特色，避免同一化、统一化、同质化。例如，针对基层综合性文化服务中心，2021年3月，我国在"十四五"规划中提出要"创新实施文化惠民工程，提升基层综合性文化服务中心功能"，为新型乡村公共文化物理空间重构提供了政策指引。以农家书屋建设创新为例，从建设思路上，近年来江苏、陕西、广东、四川等省（区、市）进行了试点，将农家书屋纳入公共图书馆总分馆制或基层图书流通体系中统筹建设发展，破解了农家书屋供需不匹配、利用率低等发展困局；从技术手段上，新一代数字技术的介入，可为乡村居民提供数字化公共文化服务，推进农家书屋等乡村公共文化物理空间的转型升级和数字化发展，让农家书屋最大限度地发挥其功能。另一方面，在新型物理空间的管理上应注重体系化，从结构性的角度认识和分析管理困境，并用规范化的手段提供破解方案。要明确各主体的管理范围，理顺管理主体间的权责关系，改变当前对新型乡村公共文化物理空间的碎片化管理现状，变"多头管理"为"多元主体共建共治"，实现对新型物理空间的整体性、系统性管理，从而提高管理效率，满足经济发展水平和社会文化样态各异的乡村地区居民的实际需求，推动新型乡村公共文化物理空间的完善与发展。

市场化的乡村公共文化物理空间的重构，要加强指导和监督管理，推动创新。对于近年来在乡村地区盛行的各类民俗街区、文化园区、创意社区等市场化物理空间的建设，各方应制定科学合理的运营机制并加强监督管理，鼓励以文化资源利用、文化传承、文化新业态创新等形式发展乡村经济，提升乡村经济效益。同时，也要严厉打击过度商业化行为，规范文化空间的市场化行为，塑造良好的文化品牌形象，营造良好的文化空间，推动乡村可持续、高质量发展。近年针对古村落的保护和创新开发，安徽省黄山市形成了民企独资保护开发的"宏村模式"、政府主导国企经营的"西递模式"及国企开发村企合作的"唐模模式"等建设模式，这些案例无疑为中国特色乡村公共文化物理空间的重构提供了重要经验。

此外，无论何种乡村公共文化物理空间的建设，都要重视相应文化设施建设，重视对传统和新兴文化资源的利用；同时还要注意空间的变化性，要加强对物理空间功能的调适，以增强空间的活力。要着力打造文化特色鲜明、富有吸引力，具有地域性、科学性的人性化的乡村公共文化物理空间。

（三）乡村公共文化活动空间的重构

乡村公共文化活动空间，是指在乡村地域范围内，以物理空间为载体和依托进行的一切公共文化活动。活动空间是乡村公共文化空间形成的核心部分。乡村公共文化活动空间，可从组织形式上分为两大类：一类是政府组织、政府主导的公共文化活动，如文化惠民工程，送电影下乡、送戏下乡、送书进村、文化扶贫等文化活动；另一类是村民自发组织、民间性质的文化活动，包括民众日常人际交往、文化活动、休闲娱乐活动，以及各类民间节庆民俗，如下棋、书画比赛、文体表演、跳广场舞等文娱活动，又如过春节、赶集市等节事活动，这些都是民众的公共文化活动空间。从总体来看，乡村公共文化活动空间几乎涵盖了以民众主体为中心的一切文化活动，对农村民众来说，喜闻乐见的公共文化活动空间是最具活力、最具吸引力的空间。傅才武和侯雪言（2016）借鉴场景理论的维度体系和分析框架，对我国农村公共文化空间进行了维度设定和场景设计，提出考察活动空间可从活动类型、活动场次、参与人次、群众满意度和社会反响五个次维度来衡量。这为研究乡村公共文化活动空间重构路径提供了新思路。

文化活动的参与度最能反映一个地区的文化活跃程度。然而，现实中无论是政府主导的文化惠民工程，还是村民自发组织的文化活动，均出现不同程度的"弱参与"现象，这是由文化活动参与主体的流失导致的。一是随着城镇化水平的不断提高，越来越多的乡村青壮年劳动力流向城市，人口的大量流失造成乡村空心化现象的凸显，传统乡村文化传承断裂，村民乡土情感淡漠，公共精神消失，传统民间民俗文化荒芜。二是农民的私性文化生活有了长足发展，但公共文化生活趋向衰落。2006年，吴理财对安徽省农民文化生活的一项调查表明：改革开放以来，农民拥有的私性文化资源日益丰富，农民的私性文化活动逐渐增多，在一定程度上丰富了农民个体式的日常文化生活，但相较而言，农民的公共文化生活却严重式微。2011年，何兰萍对农村公共文化生活空间的调查研究指出：人口外流造成乡村文化队伍散落，以经济增长为核心的政绩考评方式对乡村文化建设的忽视等，导致农村公共文化生活空间衰落，农村公共文化活动萎缩，公共文化生活贫乏，文化建设滞后。由此，她提出乡村文化建设必须从社区公共文化生活空间的重构入手，实现公共文化生活的回归和对农民文化生活新的整合。2018年，陈波和邵䍩凌对农村居民公共文化活动参与情况调查的统计结果表明：农村居民对政府主导的公共文化活动的参与度较低、文化获得感不强，而以家庭为单位的私性文化活动更受欢迎，农村居民的文化参与存在效用与精力的双重机会损失，抑制了其参与文化活动的热情。

对于政府组织、政府主导的乡村公共文化活动来说，政府提供切实满足农民需求的有效保障是重要基础，但提高村民参与文化活动的主动性、积极性和满意度是核心要素。我国不少地方政府提供的公共文化服务和产品都有配给性特点。近年来，不论在财政支持还是战略指向上，政府都对乡村文化建设更加重视，加大了投入力度，但存在部分形式化供给、盲目供给、忽略农民真正需求的问题，导致文化资金浪费、部分文化资源闲置、文化扶贫效果不佳等现象的产生。由政府组织、政府主导的活动空间，必须要重视供需匹配的问题，要充分考虑当地农民群体的特点和农民的现实文化需要。同时，在这类公共文化活动空间建设中，必须要增强农民的参与意识。农民群体是乡村社会发展、乡村振兴的核心力量，是乡村公共文化活动的参与主体，也是乡村公共文化活动空间中最具有主观能动性和最富有活力的要素。因此，提高村民的参与度是重构乡村公共文化活动空间的核心任务。提高村民的文化参与度，能够激发民众的积极性，丰富活跃乡村文化生活，营造良好的乡村文化氛围，有利于激发农民主体的内生动力，促进乡村社会的发展及稳定和谐。政府在乡村公共文化活动空间重构中，要扮演好掌舵人的角色，坚持为人民服务的理念，切实了解农民的真实诉求，积极采纳民众意见，让民众直接参与到乡村公共文化空间的设计与组织中。例如，除了政府反馈机制外，可建立民间的乡村居民文化需求的表达与反馈渠道，提高政府对乡村居民文化需求反馈的效率，切实将乡村居民文化需求及时充分地反映到政府有关部门的决策中，形成政府和乡村居民两个主体共同决策的模式，提高民众参与率，有效提升乡村公共文化服务质量和水平，使文化惠民工程更具惠民性，达到真正惠民的效果。

对由村民自发组织、具有民间性质的乡村公共文化活动空间，要注意加强正确引导和监督，注意加强文化认同。近年来，在乡村公共文化建设中，充分挖掘利用村落传统文化遗产、活化资源成为重要趋势。冯骥才指出，传统村落的精神遗产不仅包括各类非物质文化遗产，还有大量独特的历史记忆、宗族传承、俚语方言、乡规民约、生产方式等内容，它们作为一种独有的精神文化内涵，因村落的存在而存在，并使村落传统厚重鲜活，也是村落中各种非物质文化遗产不能脱离的"生命土壤"。目前不少地方正积极整理村史、村志、乡规、族训，尝试将保护文化遗产和传承优秀传统美德的要求写入乡规民约，引导乡村公共文化活动空间的建设。因此，乡村公共文化活动空间的重构，要加强对村民的核心价值观教育，弘扬中华传统美德，完善乡规民约，引导农民群众向上向善，鼓励创新，提高村民文化参与，增强文化认同。近年来数次引起全民讨论的广场舞等日常文化活动空间，是村民文化参与的创新拓展，对此类活动空间在鼓励的同时也要进一步规范，加强管理监督，提升文明程度。而极具特色的民俗文化活动空间是乡村文化特色的重要表征，政府要以社会主义核心价值观为引导，开展摒弃封建迷信、陈规陋习的移风易俗活动，去除糟粕；同时要对当前传统节庆活动普遍存在的过度商业化现象进行整改，激活传统文化内涵的精粹，重新激活传统节庆在丰富乡村民众日常生活中的重要社会功能，使民俗文化活动的发展在体现乡村特色的同时也能更好地契合社会主义文化的发展，增强乡村民众的群体归属感，传承和弘扬优秀传统文化。

（四）乡村公共文化机制空间的重构

乡村公共文化机制空间是推动乡村公共文化空间系统顺利运行的重要维度，是指一系列为提供乡村公共文化服务、规范乡村文化发展、推动乡村文化振兴制定的系列制度政策、法律法规等。机制空间一般包括财政保障、社会参与、队伍建设、法律法规、绩效评价等维度。乡村公共文化机制空间反映空间各要素之间的结构关系和运行方式。机制空间为乡村公共文化价值空间、物理空间、活动空间、社群空间、虚拟空间提供政策指引、发展框架和秩序规范，是乡村公共文化建设的导航，是使乡村公共文化空间体系得以高效运行的重要基础，也是乡村公共文化空间重构的基本条件。

在我国，乡村公共文化机制空间建设的责任主体是政府及相关国家机关，政府在乡村公共文化空间的构建及公共文化服务的供给中发挥着主导作用。傅才武和侯雪言（2016）指出："良好的制度体系应该具有财政保障机制、市场运行机制、绩效评估机制、人才保障机制等，乡村文化建设很大程度上属于文化事业范畴，因此大部分资金来源于财政支持，比如公共文化服务建设体系最重要的资金来源是国家财政投入。"近年来，国家关于乡村公共文化空间的制度建设在不断完善。

第一，在财政保障方面，要确保投入力度不断增强、总量持续增加。2018年9月27日，《财政部贯彻落实实施乡村振兴战略的意见》（财办〔2018〕34号）提出，公共财政将更大力度向"三农"倾斜，落实涉农税费减免政策，鼓励地方政府在法定债务限额内发行一般债券用于支持乡村振兴、脱贫攻坚领域的公益性项目。

第二，在市场运行机制方面，培育乡村产业新增长点，促进产业融合，提升乡村经济效益。2018年11月15日印发的《关于促进乡村旅游可持续发展的指导意见》指出，要实施乡村旅游精品工程，培育农村发展新动能，促进乡村旅游可持续发展，随后在《国务院关于促进乡村产业振兴的指导意见》《全国乡村产业发展规划（2020—2025年）》等一系列文件中提出推动产业融合发展。

第三，在人才队伍建设方面，加大奖助力度，吸引优秀人才下到基层，为乡村发展注入新的活力。2021年2月23日发布的《关于加快推进乡村人才振兴的意见》提出加强乡村文化旅游体育人才队伍建设，到2025年，乡村人才振兴制度框架和政策体系基本形成，乡村人才初步满足实施乡村振兴战略的基本需要。随着国家不断推动乡村公共文化空间的制度建设，全国乡村文化公共文化空间建设取得了突出成效。然而，结合已有研究成果和调研结果发现，在政策制度推行过程中，乡村公共文化空间建设还存在设施供需错位、管理主体责任不明、制度流于形式、服务流程烦琐及效率低下等突出问题。

重构中国特色乡村公共文化机制空间,要强化政府的责任意识、服务意识、全局意识。《中华人民共和国宪法》(以下简称《宪法》)规定,我国是人民民主专政的社会主义国家,人民是国家的主人,政府的权力是人民赋予的,因此政府要坚持对人民负责的基本原则,脚踏实地为人民服务,树立求真务实的工作作风。在建设中国特色乡村公共文化空间的工作中,政府应本着为农民做好服务工作的信念,强化服务意识,提升政府服务水平和工作效能,做好乡村文化建设工作。

首先,政府作为制定乡村公共文化空间制度政策的责任主体,对乡村公共文化空间的建设起着导向作用,要强化责任意识,就是要不拍脑袋做决定;要强化大局意识,就是要从历史和社会发展过程中总结经验,发现乡村公共文化空间的发生发展规律,抓住机遇,建设中国特色乡村公共文化空间。

其次,在财政投入上,政府要建立良好的财政保障机制。当前,由中央财政支持、政府主导的农村"五大文化建设工程"对全国基层和乡村进行统一配置和覆盖,基本形成了全国六级公共文化服务网络。但一些地区乡村基层公共文化设施建设的数量和规模仍与基层群众的文化需求有差距,没有发挥应有的效果,且地区间文化设施建设水平差距依然较大。因而应在保障和满足乡村居民的基本公共文化需求的基础上进一步完善财政保障机制,遵循按需投入原则和分区域投入原则,提升乡村公共文化建设财政资金的利用效率,建立持续稳定增长、供需匹配、区域平衡的财政投入机制。

最后,各级政府应切实履行其决策、组织、协调、控制与监督等各项职能,通过一系列机制建设和创新,有效整合城乡各种社会资源,使资金、人才、技术等多种资源形成合力。具体来说,政府层面应完善社会参与乡村公共文化空间建设的机制,以分散财政压力、提高乡村文化活力;完善人才队伍建设机制,以提升乡村公共文化空间建设质量;建立健全乡村公共文化空间建设的评价机制,以确定乡村公共文化空间建设目标的实现程度,同时为下一步建设计划的制订提供指导依据。

重构中国特色乡村公共文化机制空间,要打造联动高效的数字化机制,充分利用数字技术和数字化平台,推动乡村各要素的整合,提高政策效用。伴随着新一轮科技革命和数字化时代的到来,数字技术在人类生产生活中发挥着举足轻重的作用,"数字中国""数字乡村""数字经济""数字政务"等"数字+"概念被纷纷提出。学者祁述裕曾指出,我国乡村公共文化重复建设、多头管理等问题突出。例如,宣传、组织、教育、共青团、妇联、体育等部门都有各自的农村公共服务设施或项目,提高农村公共文化服务效能迫切需要整合不同部门的公共服务资源,实行统筹管理。数字化技术为整合资源、建立联动高效的运行机制提供了重要技术支撑，因此重构中国特色乡村公共文化数字化机制空间，是时代要求，也是现实需求。

打造联动高效的数字化机制，首先，要利用包括大数据、云计算、物联网、区块链、人工智能等在内的数字技术完善相关机制体系，除了资源整合机制外，包括但不限于管理机制、互动机制、反馈机制、监督机制、评估机制、预警机制、激励机制、人才机制、长效机制、共享机制、志愿者服务机制等。其次，要推动建立高效共享、精准对接需求的数字化平台，提高工作效率。例如，通过乡村公共文化空间数字化平台的运行，精准实现文化供给与文化需求的对接，使政府可及时掌握民众对文化产品、文化服务的满意度，并通过数字化平台实现对乡村公共文化服务的监督、效能评估等，科学合理调配、充分利用资源，促进资源要素整合，提高工作效率，打破制度壁垒和信息屏障。

总之，要建设好中国特色乡村公共文化机制空间，需要政府始终从乡村振兴的主体，即农民的需求出发，制定全方位、全过程、多层次的政策制度，加强对乡村公共文化空间建设政策的执行、监督和评估，逐步完善乡村公共文化空间建设的制度框架，形成较科学的体系化制度，构建良性运行机制，让乡村公共文化机制空间成为乡村公共文化空间建设的重要制度保障。

（五）乡村公共文化社群空间的重构

社群是指由个体组成的社会群体，在这个群体内，个体与个体之间存在密切关系，具有一定凝聚力，且存在某种道德上的义务。随着社会经济发展和社会经济结构变化，"社群"的概念逐渐从社会学、地理学领域扩展到其他领域。社群空间可指明确的区域空间，也可指在某些边界线内发生作用的一切社会关系。因此，乡村公共文化社群空间包括现实社群空间和虚拟社群空间，以及在这些区域内一切社会关系的总和。在我国乡村公共文化的研究中，也有学者将"社群"概念应用到研究路径中。如马永强（2011）认为，重建乡村公共文化空间的实现路径包括大力发展各种农民自助合作组织等社群文化。基于乡村公共文化空间建设的现实及其多元化主体，本书将乡村公共文化社群空间具体分为地方民众主体社群空间、管理主体社群空间其他主体社群空间（如志愿者主体社群空间），提出要坚持以"人"为主体，以突出人本特色为核心要义，重构中国特色乡村公共文化社群空间。乡村公共文化社群空间的重构，可从以下三个方面进行。

1. 地方民众主体社群空间的重构

作为社会主义国家，我国所提供的乡村公共文化服务是以人民为主体，明确要保障人民的文化权益、丰富人民群众的精神文化生活,要以满足人民基本文化需求为主要目的。这里的人民是指地方民众主体——农民群体。在乡村公共文化社群空间建设中,第一,要重视地方民众主体身份的多元性。农民群体既是乡村公共文化的建设主体,是乡村文化传承创新的主体,也是乡村公共文化服务的对象,集多元主体于一身。第二,要考虑农民群体的特殊性,重视农民综合素养的提升。由于我国长期以来城乡二元结构突出,城乡之间基础设施建设、经济发展水平差距较大,尤其农民群体整体受教育程度与城市地区还存在明显差距,这导致农民群体的素养问题相对突出,如政治素养、道德素养、文化素养整体较低,尤其现代社会所需要的科技、信息、数字素养缺失严重。因此,重构乡村公共文化地方民众主体社群空间,既要关注民众文化需求,保障民众的文化权益,体现农民群体的意志,也要重视农民综合素养的提升。2020年中央一号文件首次提出"高素质农民"的概念,强调要"加快构建高素质农民教育培训体系",这是国家继2005年提出培养"职业农民(专业农民)"、2006年提出培育"新型农民"、2012年明确"新型职业农民"概念后,针对新时代农民群体综合素养提出的新要求。有文化、懂技术、善经营、会管理是高素质农民的重要特征。在乡村振兴中,高素质农民队伍的内涵不应当仅限于农业生产经营带头人,还应当有更加丰富的外延,应进一步拓展到乡村文化建设、公共服务等领域,通过高素质农民的培养,带动整个农民群体综合素养的提升,充分发挥农民群体的主体性作用,激发乡村公共文化空间建设的内生力量。第三,加强农民数字素养的培养和提升。农民数字素养问题是随着数字化时代的到来,以及"数字中国""数字乡村"等国家战略的驱动下逐渐受到关注的新领域。2019年国家发布的《数字乡村发展战略纲要》已经明确了包括"提升农民数字素养"在内的战略目标任务。数字素养是利用信息与通信技术检索、理解、评价、创造并交流数字信息的能力。乡村公共文化空间的主要参与者是农民,随着乡村现实公共文化空间向虚拟公共文化空间转向,在数字化语境下,要让乡村焕发活力,紧跟时代发展的脚步,促生乡村振兴的内生动力,就需要对农民的数字素养进行培养。

2.管理主体社群空间的重构

管理主体社群空间要关注多元主体的构成及差异性特征,不同主体间存在的利益和结构性矛盾,需要通过科学的制度设计进行化解。由政府主导的乡村公共文化社群空间,要有合理的工作运行机制,减少部门壁垒和利益冲突;工作人员要发挥模范带头作用,提升社群管理水平。由村民、媒体等自发组织的乡村公共文化社群空间,在鼓励管理主体采取自主创新方法对社群进行有效管理的同时,要加强对社群管理主体的思想教育和监督，保证社群在思想传递、文化交流等方面与社会主义核心价值观相吻合。对于由参与乡村文化建设而产生的企业社群空间，要加强乡村与企业的联系，增强企业对乡村文化的认同，从而推动乡村文化在企业社群空间的宣传和认可，推动乡村可持续发展。

3.其他主体社群空间的重构

除了地方民众主体社群空间、管理主体社群空间，还有其他主体社群空间。例如，构成新时代文明实践中心建设队伍的志愿者社群，也是参与乡村公共文化建设的一支重要队伍。不过，我国志愿者制度尚不健全，志愿者大多欠缺经验，志愿行为缺乏规范。因此，在实践过程中，对志愿者主体积极性的调动、能力的充分发挥、是否具有可持续性等问题进行考量具有现实意义。又如参与文化惠民工程表演的外来非乡村表演者社群，作为外界认识乡村的桥梁之一，建立起了乡村内部与外部的联系。因此，在这一社群中更好地宣传乡村文化、建立良好的口碑，是维系乡村与外部联系的有效途径之一。

在社群空间主体构建中，要注意社群主体的动态变化性。事实上，不同类型的公共文化空间存在相应的社群主体，其中既有固定的社群主体，也有临时的社群主体；既有现实的社群主体，也有虚拟的社群主体。因此，在乡村公共文化空间建设中，要关注社群主体的变化性，重视不同社群主体的特征，对社群主体的组织和管理也要采取相应的措施。

（六）乡村虚拟公共文化空间的重构

数字化正在深刻地改变着人类社会。乡村虚拟公共文化空间是伴随着数字化技术、互联网技术的广泛应用而诞生的，是与现实空间相对的一种技术空间，包括数码计算与传输的物质基础、数码虚拟的多维空间及其演化。虚拟公共文化空间以互联网为条件，以空间运行逻辑与行为规范为保障，以数字化文化资源为内容，以数字化参与为优势，使参与者以虚拟身份利用数字化手段共享文化信息，进行文化学习、文化交流、文化需求反馈、文化创作等虚拟文化活动。虚拟公共文化空间与现实公共文化空间相互融合、有机互动、平级运行，一方面使公众享受到前所未有的文化参与自由，另一方面又使他们在自己所创造的文化符号之中迷失和受到束缚。

数字化已成为我国的重大发展战略，随着"数字中国"战略的推进，国家开始积极推动数字乡村战略的实施。2019年5月，中共中央办公厅、国务院办公厅印发的《数字乡村发展战略纲要》指出，到21世纪中叶，要全面建成数字乡村，助力乡村全面振兴，全面实现农业强、农村美、农民富。2019年12月，农业农村部、中央网络安全和信息化委员会办公室印发《数字农业农村发展规划（2019—2025年）》，提出加快推进农业农村生产经营精准化、管理服务智能化、乡村治理数字化的指导意见。截至"十三五"末，全国行政村通光纤和4G比例均超过98%，乡村互联网普及率明显提升，乡村通信设施不断完善。信息技术在农业生产经营中的应用不断拓展，智慧农业、智慧物流等数字化转型，正为乡村振兴注入强大动力。在国家"十四五"规划及2021年新颁布的《乡村振兴促进法》中，均明确提出加快乡村数字化建设的要求。新时代乡村社会的数字化进程、乡村公共文化的数字化发展将大大加快，乡村虚拟公共文化空间的发展也将提速。

  乡村虚拟公共文化空间重构主要包括以下几个方面内容：第一，要加强乡村公共文化数字化基础设施等硬件建设。基础设施是乡村虚拟公共文化空间建设的基础和条件，包括信息基础设施和基础设施的数字化改造升级等。第二，要提升乡村公共文化的数字化技术和能力。虚拟公共文化空间是一种完全不同于传统文化空间的样态，其实质上是一种技术空间，这种新型空间和传统空间相比，已发生了质的变化，它能深入乡村建设的各个领域，处于无中心化和恒变之中，借助网络发展的一系列公共文化平台都可以看作是虚拟的公共文化空间。陈波认为，我国虚拟公共文化空间包含政府及相关部门提供的数字化公共文化资源平台、媒体公司控制供给的文化信息空间、文化团体及爱好者组成的交流社区等多种存在形式。虚拟空间为乡村传统文化的传承提供了更为便捷的时空载体和传播方式。新时代虚拟公共文化空间的构建需要基于5G、数据中心、云计算、人工智能、物联网、区块链等新一代信息与通信技术，以及依托上述数字技术而形成的各类数字平台运行。第三，要加强乡村虚拟公共文化空间制度建设和相关研究。在新技术革命的快速推进，数字化、网络化、智能化浪潮的席卷下，虚拟公共文化空间发展迅速，而相关研究和制度建设却明显滞后。虚拟空间尚属公共文化研究的新领域，乡村公共文化虚拟空间研究和制度建设则更显滞后，亟待加强。第四，国家大力推动数字政府、数字乡村、智慧乡村、公共数字文化服务等的建设。要建设适应乡村公共文化需求的信息终端、文化技术产品、App等，强化"线上线下"相融机制，推动虚拟空间与现实空间的结合。近年来，国家对乡村的政策也呈现出由现实公共文化空间转向现实公共文化空间与虚拟公共文化空间相结合的趋势。2019年，中共中央宣传部、文化和旅游部、国家广播电视总局、财政部印发《关于提高基层文化惠民工程覆盖面和实效性的意见》（文旅公共发〔2019〕139号），提出要推动将乡村文化礼堂等基层文化惠民工程纳入新时代文明实践中心和县级融媒体中心建设体系，并加大支持力度。这是国家全面推动乡村公共文化空间建设的重要举措。

乡村虚拟公共文化空间作为一种新兴的数字化空间，将为乡村公共文化空间的建设注入新的活力，推动乡村数字化，加快乡村现代化建设。针对不同类型乡村公共文化虚拟空间重构，可采取相应的策略。

政府主导的公共文化资源平台类虚拟空间，要加强技术培训和服务意识培养，重视技术更新。技术应用是虚拟空间正常运作的基础条件，有学者调查指出，在部分政府主导的公共文化资源平台类虚拟空间中，出现了明显与使用者对接不顺畅的问题。从服务主体来说，虚拟空间相关的工作人员作为对接使用者的桥梁和中介，承担着应用和普及相关虚拟技术的重任，但不少工作人员自身缺乏培训，技术水平与平台需要不能同步，不熟悉平台技术操作，缺乏服务意识；从服务对象来说，农民作为一个特殊群体，由于各种原因，具有文化水平较低、接受新事物的速度相对较慢，数字素养缺失等特点，对虚拟公共文化平台所需技术明显缺失。因此，在推进乡村虚拟公共文化空间建设时，需重视对双重主体的技术培训，提升科技素养，推进数字化知识普及。此类虚拟空间相关工作人员要增强服务意识，及时更新技术，熟悉数字公共文化资源平台及其运行机制，从而更好地服务乡村公共文化空间建设。

媒体企业、文化团体或爱好者供给的虚拟公共文化空间，要重视指导和监管。陈波指出："虚拟空间参与者从单方面的信息检索和获取行为扩展到包含获取接纳、反馈等的系列交互，为虚拟空间中的文化参与提供了新的聚合方式。"数字化进程催生了新的社会空间形式——虚拟公共文化空间，它允许参与者以虚拟身份进行交流，打破了中心化、精英化的壁垒，让参与者减少社交顾虑，但与此同时也带来了新的道德与法律风险。例如，虚拟公共文化空间为一些不当言论和不文明行为的滋生提供了土壤，甚至还催生了一系列在现实社会空间没有的新型违法犯罪行为。由于国家立法通常具有原则性与滞后性，原有的法律法规体系受适用范围的限制，已不足以调节数字化语境下产生的一些新的社会问题。虚拟公共文化空间的新问题急需新的秩序进行规范。对此，虚拟公共文化空间的建设需要建立健全乡村虚拟公共文化空间法律法规体系；同时要加强对社会主义主流思想的宣传，尤其加强对青少年群体的教育，引导民众主动践行文明理念，进一步规制乡村虚拟公共文化空间的运行，营造良好的网络环境，推动乡村精神文明建设。

围绕新时代中国特色乡村公共文化空间重构这一命题，本书尝试从乡村公共文化的价值空间、物理空间、活动空间、机制空间、社群空间、虚拟空间六个维度提出具体重构路径。可以说，正是上述六大空间共同构成了中国乡村公共文化空间的体系，它们相辅相成，共同推动乡村公共文化空间的建设。在实践中，不难发现各空间维度的边界并非完全清晰，存在部分空间相互交叉，内容相互交叠的现象，因此这一空间体系也是开放和动态发展的，将随着乡村公共文化空间的发展及社会对其认识的深入呈现出新的变化，并日臻完善。在乡村公共文化空间的六个维度中，价值空间是核心和根本，它确定了乡村公共文化空间的性质和价值取向，并渗透于各个空间维度之中；物理空间是乡村公共文化空间的物质载体和资源条件，是形成空间地域特色的核心要素；活动空间是乡村公共文化空间的主要内容和表现形式，是最富有活力的空间；机制空间是乡村公共文化空间的基础和支撑，是整个空间体系运行的重要保障；社群空间是乡村公共文化空间的各个相应主体，既有稳定性也呈现动态性，存在于各个空间维度之中；虚拟空间是乡村公共文化空间的一种技术呈现，与现实空间并行作用，成为各空间的重要链接，并呈现出日益重要的发展趋势。在乡村公共文化空间建设实践中，六大空间相互建构、共同发挥作用，推动新时代中国特色乡村公共文化空间的重构。

第六章 当代乡村群众文化阵地建设

第一节 群众文化与乡村群众文化的内涵及特征

一、群众文化与乡村群众文化的内涵

(一) 群众文化的内涵

文化从广义上讲是指一切人类活动的物质及精神产物,从狭义上讲是指人的精神文化活动及其产物。群众文化作为文化的一个分支,倾向于狭义的文化定义,它是一个动态的概念,随着时代的发展变迁,其内涵外延一直处于不断发展变化之中。目前,群众文化的内涵还没有统一的界定,不同的学者有不同的看法,但核心概念都比较集中。戴珩认为,"群众文化是人们职业之外的,自我创造、自我参与、自我欣赏、自我娱乐、自我教育、自我开发、自我实现的社会性文化。它是以人民群众为活动和创造主体,以满足自身精神生活需要为主要目的,以文化娱乐活动为中心内容的社会现象"。沈承晋认为,"群众文化,是指以群众的活动为核心,通过群众的自娱自乐方式,以文化娱乐活动为中心,从而适应人民群众在文化方面的要求的一种社会历史现象"。杨兆金认为,"群众文化就是指人们工作之外进行的一种业余文化活动,可以将其称为一种自我参与、自我娱乐、自我开发的社会现象。其中,群众文化包括了极为广阔的范围,随着新时代的不断发展,群众文化变成了由政府作为主导,社会群众群体参与,为了满足人们的基本文化需求而最终形成的一种公共文化"。冯守仁等认为,"群众文化从文化现象层面讲,是人民群众以自身为活动主体,以文学艺术为主要内容,以满足自身精神文化生活需要为目的的社会历史现象,是人民群众在闲暇时间,按美的规律,自我参与、自我娱

乐、自我开发的社会性文化；从文化建设层面讲，群众文化是我国一种独特的社会文化现象，是中国特色社会主义文化的重要组成部分，是群众的文化生活形态、群众文化活动、群众文化工作以及与之相适应的制度、组织、机构、设施等各要素的集合体"。综合各家观点，本书认为，群众文化具备如下几个关键要素：其一，从时间上而言，群众文化有时间上的限定，即群众文化是人们职业之外的文化活动；其二，群众文化是以群众这一多数人为活动主体的，即大多数人共同参与和认同的才算是群众文化；其三，群众文化是以满足群众精神生活需要为目的产生的，主要体现为娱乐和社会支持的需要；其四，群众文化是一种非职业性的自我创造、自我参与、自我娱乐、自我开发的一种群体性的、社会性文化；其五，群众文化这一自发文化逐渐加入了政府主导因素，最终体现为一种被国家和社会所需要的公共文化；其六，群众文化涵盖的内容非常广泛，包括人民群众业余的一切文化活动，但从群众文化事业的角度划分的话，主要体现为文学艺术方面。本书认为，根据群众的实际文化活动内容，群众文化内容应与国家的公共文化服务体系内容相一致。

（二）乡村群众文化的内涵

乡村群众文化是指生活在乡村的居民在职业之外，由群体经常参与和认同，由政府引导，公众自我创造、自我参与、自我娱乐、自我开发以达到娱乐身心、获得社会支持的一种群体性、社会性的公共文化。相对于群众文化，乡村群众文化体现出独特的乡土地域特点，对乡村居民的生活及乡村的社会经济发展都有重要的作用和价值。乡村群众文化所包含的内容要大于乡村群众文化事业的内容，即不仅限于文化艺术范畴，更应该与乡村公共文化服务体系的内容趋于一致。

二、群众文化及乡村群众文化的特征

（一）群众文化的基本特征

1. 非职业性

群众文化是人民群众工作之余的文化休闲活动，体现出非职业性的特点，这种非职业性的特点表现为文化活动的主体是非正式、非强制、非商业性的，人们以自愿的方式聚集在一起参与某些大家认同的文化休闲活动以达到娱乐身心的目的。需要注意的一点是，虽然群众文化是非职业性的，但不代表群众文化是非专业性的，因为某些具有艺术特长的群众通过成立协会的方式开展的群众文化活动是具有专业性的，甚至通过群众自发组织的文化活动可以有效传承中华民族的优秀传统文化和技艺，比如傩舞、越剧、弋阳腔等都是人民群众自发传承的优秀文化和技艺。

2. 群众性

无须赘言，群众文化必然具有群众性的特征，即某种文化必须被广大群众都接受和认可才能称之为群众文化。群众性是相对于个体而言的，即那些受众少，只在极少部分人之间交流的文化不属于群众文化。当然，群众是一个相当宽泛的概念，还可以将群众进行分割，再细分出更小群体的群众文化，即城市群众文化、乡村群众文化、老年人的群众文化、青年群体的群众文化、青少年群体的群众文化等，不同群体内部的群众文化会有其各自的特征。群众性也体现为群众文化的产生路径是来自群体之间的互动和认同，是群众自我生成和创造的一种文化。

3. 社会性

由于群众文化是群体性文化，是人与人在互动过程中产生的文化，因此群众文化必然具有社会属性。群众文化的社会性决定了群众文化对社会经济的发展具有不可避免的影响力和价值，好的群众文化可以促进经济社会的发展，不好的群众文化则会阻碍经济社会的发展。群众文化的社会性要求政府努力满足群众的基本文化需求，鼓励社会及群众积极开展有益身心健康的群众文化活动，并且对群众文化活动进行良性的引导和管理。

4. 自娱性

不同于学校教育的专业学科文化或者工作时需要的专业文化，群众文化是以满足人民群众自我娱乐为目的的文化，没有实用性和功利性的价值追求，更少受到道德约束，因此具有很大的生机和活力，并且体现出很强的创新性特点。

5. 传承性与时代性

相对于许多专业的知识，群众文化具有天然的传承性优点，群众文化可以通过天然的代际传递的方式得以延续。同时，由于群众文化是根植于群众生活之中的文化，具有很强的草根性和生命力，因此很容易得以延续和传承。但需要注意的是，许多群众文化也会随着时代的变迁而出现衰落和淘汰的现象，因为随着时代环境的改变，一些传统群众文化不再能够满足群众休闲娱乐的需求，所以逐渐淡出人们的生活和视野，比如皮影戏、串堂班、舞狮、越剧、弋阳腔、京剧等过去被人民群众喜爱的文化活动已经不为新生代的人民群众所关注和喜爱，逐渐退出了人们的日常生活。因此，群众文化也体现出了非常明显的时代性特点，即每一个时代都有其独特的群众文化，这种群众文化是与当时的经济社会生活习惯等相协调的。

6.倾向性和可诱导性

群众文化的主体是由有主观能动性的个体组成的，因此他们对文化艺术等文化活动的喜好是具有倾向性的，而这种倾向性也是对人们价值观念的一个侧面反映。群众文化的这种倾向性会形成群体的文化环境，给群体成员带来影响，从而影响成员个人的三观和文化休闲喜好，也会间接影响经济社会的发展。同时，群众文化的这种倾向性是可以进行诱导的，通过积极的引导和激励，群体文化活动的倾向性可以发生转变，比如开展厨艺大赛、广场舞比赛、摄影大赛等活动，可以激励人民群众锻炼厨艺、参与跳舞和摄影，逐渐改变群众文化活动的倾向性。正因为群众文化具有倾向性和可诱导性，所以政府部门需要在提供公共文化服务的同时对群众文化活动多加引导，增强群众文化对经济社会发展的影响力。

（二）乡村群众文化的独有特征

乡村群众文化作为群众文化的一个分支，具备群众文化的所有基本特征，除此之外还有其独有的特征。

1.地域性

相对于群众文化，乡村群众文化除了具备上述特征之外，还体现出了明显的地域性特征，即乡村群众文化是以乡土文化为根基所衍生出来的一种文化，相对于城市，具有浓厚的乡土特点，并且不同的乡村其乡土特点也各有不同。因此，乡村群众文化相比城市群众文化有更深的传统文化根基，同时也更有草根性、群众性和多样性的特征。

2.通俗性

由于乡村群众的综合文化素质较低，因此乡村群众的文化大多基于生活中打发时间的需要，在艺术追求和教育培训方面的需求较弱，群众文化内容相对而言更为通俗。但相对于城市而言，乡村的群众文化又有许多自创性的特点，比如舞龙灯、串堂班等都是源于生活的一种自创文化。

第二节　社会结构变动中乡村文化振兴的着眼点

乡土文化是中华文化的本质，也是民族根脉之缘起。而文化建设是当前乡村发展的短板和薄弱环节之一。从社会结构变化看，没有了农民赖以生存的土地，乡村社会关系也将随之瓦解，乡村不复存在。从社会发展本质看，维持乡村存续的重要因素是建立在传统生产方式之上的中国乡土文化，它们是乡村文化血脉的延续和传承，是经济和社会发展的精神支撑。文化发展是乡村振兴的重要动力，也是留住乡村记忆、守住家园和乡愁的主线。作为乡村振兴的灵魂和人的全面发展的核心，文化是社会结构变动中乡村振兴的精神思想动力，是解决乡村经济增长中社会问题的发展动力，是创造美丽乡村图景和美好生活愿景的永续动力，更是实现乡村产业结构优化、经济发展多样性不可取代的媒介。

一、社会矛盾变化与乡村发展困境

当前，社会主要矛盾已经转化为人民日益增长的美好生活需要和不平衡不充分的发展之间的矛盾。中国乡村正处于社会发展大变革和城市化大转型时期，城乡居民消费结构加快升级，更加多元和更为丰富的消费需求将快速增长。当前的文化产品和服务供给方式和供给内容已经不能满足庞大的中等收入家庭多样化、个性化的各类新需求，城乡差异显著导致的多样性分化趋势仍将延续。经济社会发展中因供给抑制和供给约束并存、供给不足与供给过剩并存导致的动力抑制甚至衰减的问题正逐渐变得愈加突出。应对乡村人口结构空心化和老龄化等问题，延续乡村文化血脉和完善乡村治理体系的任务愈加艰巨，城乡之间的二元关系也更为复杂。

（一）乡村社会原有的文化生态系统在社会结构变动中遭到破坏

传统乡村社会是一个较少流动的"熟人社会"，熟悉是在长时间、多方面、经常的接触中所发生的亲密的感觉。然而，这种传统、感性的"熟人社会"在经历了农村社会内部人才外流与外部信息输入后变得更加现代和理性了，现代化的快速推进，尤其是大量农村人口流出农村进城，使得村庄边界大开，过去规范村民行为的诸多地方性共识都受到了市场经济的剧烈冲击，不同区域农村的农民正以不同的速度、方式，共同向人际关系理性化迈进。乡村社会原有的以"乡土"为根基、以"熟人社会"和"差序格局"为核心，并由此而形成的各种乡村文化关系、文化习俗、文化内容等，在现代化、工业化、城市化的冲击下日益消解与变迁。古村落建筑、文物古迹等大批乡村特色文化景观，以及附着在这些景观上的乡村特色文化和乡村共同记忆，随着景观的消亡而逐渐淡出人们的视野。乡村社会居民的文化生活从内容到形式都在不断模仿城市居民，乡村特色文化逐渐没落，乡村文化认同日益淡化。乡村社会原有的文化生态系统在全球文化、城市文化、现代文化的冲击下也变得支离破碎，而融传统文化与现代文化于一体的新的文化生态系统在乡村社会又缺乏生长与发展的土壤，使得乡村社会文化发展受阻，乡村社会文化观念趋于多元与无序。

（二）乡村社会原有的话语体系在数字互联环境下不断被消解

一方面，城乡之间的"信息分化"使"数字鸿沟"与"贫富差距"之间的关联性增大。城乡之间无论是在信息生产、信息接入及扩展方面的差距，还是在信息意识、信息使用和信息支付方面的差别，归根结底都是城乡居民在接触和使用信息资源的机会和能力方面的差距，而农村居民在这些机会和能力方面处于明显劣势当中。可以说，城乡数字鸿沟本质上是接触和使用信息资源的机会和能力的城乡分化状态，这种信息差距及其发展态势使当代乡村在现代信息技术用于乡村生产、生活的能力降低，又进一步抑制了乡村居民对信息系统的掌握、信息渠道的使用及借助数字互联技术优化生产技术、市场布局和生活质量跃升的可能性。这也使得"数字鸿沟"越大的地区贫困程度越深。另一方面，新一代信息技术全方位地对中华文化和文明话语体系进行了系统性改造，继而产生了在经济社会前瞻性预判和科学性解释的难题的境况下，中国社会结构转型中城乡关系变化及其造成的困境愈加复杂和棘手。中国乡村社会向知识经济转型过程中，就业结构的路径依赖开始因为人工智能的应用进入大规模更迭期，寻找具有较大就业容纳潜力的经济增长蓄水池势在必行。

二、人的全面发展与乡村发展束缚

（一）从人的全面发展的角度看，乡村产品和服务的供给仍不能满足美好生活的需求

一方面，城乡之间社会发展的接续、民生诉求的处置水平仍存在一定的距离。不管是从基本公共服务的角度看，还是从文化消费的结构和层次看，同一区域仍存在城乡鸿沟，尤其是在社会结构变动中，乡村的供需矛盾、阶层结构差异、城乡统筹矛盾依旧突出。近年来，我国政府大力推动农村公共文化服务体系建设，以期在一定程度上满足乡村社会日益增长的文化需求，解决乡村社会文化消费难的问题。从具体的政策落实情况来看，在供需结构层面，政府供给的文化活动与农民的文化活动需求基本一致，但也存在一定程度的脱节，供需结构部分不对称。作为一种国家行政力量推动、外部嵌入的乡村文化建设模式，缺乏对全国乡村社会地域差异性、文化差异性及具体乡村内部人口结构、年龄结构、文化结构的系统分析，而以相对统一化和标准化的模式开展，因此乡村文化建设效果甚微。

另一方面，城乡需求存在较大的距离，既有来自认识层面的主观偏差，也有源自实际发展的客观问题。从主观上看，如城市居民认为乡村应当是提供清洁的空气、洁净的水源、恬静的田园风光的理想之所，乡村生活应当是富有农耕文化、乡愁寄托的精神家园，而乡村居民所期待的乡村应当是既有山清水秀、田园风光，又有与城市居民同样的公共服务设施、社会保障和社会服务。这就进一步凸显出社会结构变动中乡村供需之间的矛盾、阶层结构之间的差异、城乡统筹之间的分野等问题。而城乡居民之间思想观念的差异，主要来自居民群体之间经济状况、教育程度、思想水平的差距。从客观上讲，城乡差距本质上是资源配置扭曲、收入分配倾斜与部门间技术进步不平衡三者共同作用的结果。资源配置扭曲通过工农产品的价格剪刀差、劳动力流动、农村资金外流等方式对城乡差距施加影响。城市偏向政策导致公共物品投资对城市倾斜，加大了城乡社会福利收益之间的差距。技术进步不平衡导致部门间劳动生产率差异，从而使得城乡相对收入差距始终存在。

（二）从城乡社会流动上看，当前乡村发展的困境体现在经济产出、就业、居住等方面的发展不充分

当前乡村发展的困境体现在经济产出、就业、居住等方面的发展不充分，主要表现

在生活方式、价值观念、行为取向等层面的发展不均衡。由于历史传统、现实形势、发展水平、资源禀赋等不同，中国乡村既呈现东部、中部、西部的地区差异，也体现出乡村因地制宜发展的内部性差异，而乡村基础设施建设和基本公共服务供给滞后、不充分及城乡不平衡的态势没有从根本上得到解决。城镇化进程中，乡村人口不断向城市流动，但不管是从城乡基本制度还是社会生活角度看，他们都并未真正融入城市生活，进而出现了诸如"留守儿童""空巢老人""流浪儿童"等社会特殊群体。乡村群众是乡村文化建设的主体，尤其是中青年群体是乡村文化建设和发展的主力军，也是乡村文化发展成果的受益者。然而，大规模进城务工人员常年在城市务工，乡村主要劳动力大量流失，与"留守儿童""空巢老人"相伴的"空心村"的出现，动摇了乡村文化建设和发展的根基。而20世纪90年代以后出生的新一代进城务工人员或知识分子，则因长期脱离乡村而对乡村文化缺乏认同感与归属感，这将大大削弱乡村文化建设的基础力量，后续发展动力明显不足。留守在乡村的更多的是老人、妇女和儿童，大多文化素质不高、文化传承意识不强、文化建设能力不足、文化消费动力欠缺，难以有效组织、开展乡村传统文化活动，也使当代乡村主体对乡土文化的认同感、自豪感和归属感逐渐式微。

三、传统工艺衰落与乡村文化掣肘

任何一种文化，只要它的文化记忆还在发挥作用，就可以得到持续发展。相反，文化记忆的消失也就意味着文化主体性的消亡。文化记忆是将民族成员紧密联系在一起的纽带，又是民族成员一代又一代人的创造与付出的延续，经历着从胚胎、童年、青年到成熟的成长过程，并通过地名、老街、老建筑等形式定格下来，展示着它宽广而深厚的人文阅历及独有的个性和身份。一座理想的乡村除了它的光鲜外表和富有活力的经济之外，更应体现在它的文化氛围、它的从容生活、它的优雅开放、它的人文情怀之中。而部分乡村以经济导向为主的城镇化，却使传统工艺在城镇混合空间中陷入生存和发展的困境。许多传统工艺的原生地为生产力不发达的民族和农村地区，在信息触角愈加发达、文化变革愈加迅速的时代，作为传统文化的历史景观、传统习俗和人文图景，正在快速泯灭文化特质或断裂文化记忆，而为乡村发展留下遗憾。

（一）文化记忆的断裂加剧了传统工艺精神的消解和工匠精神的式微

传统工艺精神的消解和工匠精神的式微，一方面是因为具有悠久历史而现实又岌岌可危的古村落和古建筑的衰落。这些古村落、古建筑见证着岁月的变迁,也承载了家族的寄托。然而,这些印刻着历史记忆的老房子在城镇化的浪潮中濒临消失,还有许多因村庄人口流失而陷入无人居住、破败坍塌的尴尬境地。与古村落和古建筑一同消失的,还有世代生活在村落中的手工艺人、民间工匠。这些古村落的村民安置、房屋修缮、风貌保护、历史传续等,面临着多重困境。另一方面是生活在近乎危房的文物建筑中向往"水泥森林"式现代生活又经济拮据的居民,对传统生活方式、生产方式的放弃。在现代化使人们"衡量舒适和方便的标准"发生了极大变化的同时,传统工艺的原生态群体往往面临两难选择,他们在现代化和趋同性的商品经济时代的妥协和失语,又进一步导致文化记忆的消失和文化情节的消解,传统工艺精神的当代传承和发展陷入了恶性循环的怪圈。

(二)乡村文化空间局促导致传统工艺原生地面临危机

当前,随着全球现代化、信息化、市场化与分权化的加速,城镇化加速发展并在新经济地理空间内不断形成新的城镇聚落。随着城镇化率的迅速提高,一系列问题也不断涌现,集中式、规模化的城镇改造与传统文化传承的复杂性之间的矛盾也愈加突出。城镇化进程中将"土地财富"转化为"快速增长的内需"的商业开发,使传统工艺长期以来赖以传承的生存空间受到挤压,过度商业化泯灭了文化特色,淡化了文化传统,消解了文化基因,使传统工艺的人居空间不断变异。例如,城镇化加速了古村落文化的瓦解和空间的消失,民众对古村落的文化认同和历史记忆逐渐消失在已渐趋碎片化的传统居住空间景观之中。而这些承载着独特的人居文化思想的古村落,有的偏居深山不为人知,有的虽已引起关注和探究,但保护措施却遥遥无期。村落文化根植的复杂性、现代生活空间与传统工艺日常景观交织混合的复杂性、文化传统与现代文明冲撞异化的复杂性,使传统工艺在人居空间中的有效传承更为棘手。

(三)文化情结异化导致传统工艺传承人濒临消失

文化情结是营造心灵故乡的动力,以乡愁为代表的"人们对所在地域的精神依恋、倾注的情感之间有无形的勾连关系"的文化情结,折射出城镇化进程中人们对"家园守望"的向往。乡愁蕴含了对故乡、乡土及其所代表的人文自然的归属感和亲近感,能有效促进社会转型下的地域再生。但乡土中国"回不去的乡愁"和城市中国"失落的工业乡愁",正与日俱增地与全球化和消费主义一起异化着"乡愁",最终导致乡土文化缺乏传承主体、乡村社区漠视乡土文化。一方面，城市文明的冲击、经济观念的强化、家庭意识的淡化及恋土情节的弱化等，影响和动摇了农村社会结构的变化及稳定，而由于生产方式、思想观念的演变，乡村中古老的民俗风情、道德理念也在城镇化进程中濒临瓦解。高度依赖传承人机制的传统工艺因异地城镇化带来的"人"的流失而使传承变得异常艰难。另一方面，快速城镇化对乡村生活的颠覆和失落的乡愁使传统工艺传承人不断放弃传统，出走乡村，优秀的民间艺术、传统技艺、农耕文明将濒临灭绝，从而对乡村社区的日常生活乃至延续发展都具有深远的负面影响。文化情结逐渐成为城镇化进程中的稀缺品及过去式。如何融入实践视角，从参与农村更新、社区复兴到地域振兴、一村一品、新社区建立等活动，是传统文化在城镇化进程中逻辑嬗变的核心。

第三节 乡村群众文化之于乡村振兴的重要功能

2018年颁布的《中共中央 国务院关于实施乡村振兴战略的意见》（中发〔2018〕1号）强调，要繁荣兴盛乡村文化，焕发乡风文明新气象，乡村振兴、乡风文明是保障，必须坚持物质文明和精神文明一起抓，提升农民精神风貌，培育文明乡风、良好家风、淳朴民风，不断提高乡村社会文明程度。乡村群众文化作为乡村文化的重要组成部分，对于乡村振兴具有非常重要的功能。

一、发展乡村群众文化能够提升乡村群众生活质量

2016年7月1日，习近平同志在庆祝中国共产党成立95周年大会上的讲话中指出："带领人民创造幸福生活，是我们党始终不渝的奋斗目标。要顺应人民群众对美好生活的向往，坚持以人民为中心的发展思想，以保障和改善民生为重点，发展各项社会事业，加大收入分配调节力度，打赢脱贫攻坚战，保证人民平等参与、平等发展权利，使改革发展成果更多更公平惠及全体人民，朝着实现全体人民共同富裕的目标稳步迈进。"随着国家对"三农"发展的日益重视和乡村振兴战略的提出，农村的经济物质水平不断得

到提升,农民的口袋鼓起来了,但脑袋还是空的。农民有了钱之后,就会有更多的时间来追求文化休闲活动以打发时间、娱乐身心。因此,乡村群众文化的发展能够有效满足乡村居民对精神文化的迫切需求,满足农民娱乐休闲、审美愉悦、创新创造、寻求社会支持、享受生活等需要,能够有效改善居民的休闲娱乐方式,最终实现乡村振兴的终极目的,即满足农民群众对美好生活的向往,让农民群众在乡村也能过上丰富多彩的幸福生活。

二、发展乡村群众文化有利于加强农村思想道德建设

在中国长期的城镇化进程中,随着农村传统的乡绅治理模式的解体,传统的礼俗文化逐渐失去了对农民的约束力,加之农村日益空心化且长期缺乏有效监管,导致农村思想道德滑坡、孝道文化逐渐衰微,老无所养的问题日益严重。同时,黄赌毒等不良文化也在不断地侵蚀着农村,农村逐渐成为藏污纳垢的地方。因此,发展一些健康的乡村群众文化能够有效地弥补传统礼俗文化衰微所带来的空白,有效引导农民群众树立健康的世界观、价值观和人生观,提升他们的道德认知水平。同时,由于群众文化活动是一种群体性活动,增加了群体间的舆论监督张力,能够有效提升群体对个人行为的约束力,因此发展积极健康的乡村群众文化可以有效地加强农村思想道德建设。具体说来,可以以发展乡村群众文化为载体,将社会主义核心价值观、爱国主义、道德建设、诚信建设、责任意识、规则意识等内容发扬光大,从而达到加强农村思想道德建设的目的。

三、发展乡村群众文化有利于传承农村优秀传统文化

在乡村振兴的过程中,只有保留了传统文化的乡村才具有乡村真正的魅力和灵魂,这样建设起来的乡村是望得见乡愁的新农村,才是农民群众想要的乡村振兴。农耕文明是中国传统优秀文化的摇篮,农耕文明中所包含的依时令而劳作的人与自然和谐相处的思想,依节气而举办的民俗活动、制作的美食,传统村落建筑,孝道文化,丰富多彩的民俗技艺等都是农村的优秀传统文化。随着农村的不断空心化,农村许多的优秀传统文化逐渐流失,急需一种有效的方式对其进行传承和发扬。乡村群众文化作为农民群众生活中不可分割的一部分,如果能够将农村优秀的传统文化融入农民群众的日常文化活动中去,那么许多优秀的传统文化和技艺就能够得到有效的传承。具体说来,在发展乡村

群众文化的过程中，通过将优秀的传统文化以创新的方式融入农民群众的文化活动中去，就能够赋予传统文化以生机，使其在农民群众的日常生活中得以传承。比如，在广场舞日益火热的今天，可以将传统的曲艺进行改编，变成广场舞舞曲，这样就能够有效地将之传承。

四、发展乡村群众文化有利于乡村的和谐治理

"群众文化"一词最早出现于中央革命根据地。1932年5月中共江西省委在《关于四月的报告》中写道："对于最紧急的群众文化政治工作，还未能引起注意，各地有文化工作的只限于演新剧……"从这个报告中可以发现，群众文化从一开始被提出就是与政治相关联的，它的政治功能是不言而喻的。乡村的振兴离不开乡村的有效治理，国家目前提倡农村开展以自治为主、法治与德治相结合的治理模式。这一治理模式需要农民群众自身有较高的综合素质、比较和谐的人际关系、较高的道德文化素养，以及基本的法律法规知识，要使农民群众具备这些素养，发展乡村群众文化无疑是一个非常有效的载体和手段。首先，乡村群众文化活动可以有效地拉近群众之间的距离，甚至能够将分散的农民个体进行有效的组织，从而营造一个和谐的农村社会环境。其次，发展乡村群众文化能够提升农民群众生活中的仪式感，从而提升农民群众的敬畏意识，尤其是通过文化演出活动来提升农民群众对法律法规、民主自治、道德等的敬畏感，从而促进农村的有效治理。再次，通过将社会主义核心价值观、道德法规等知识融入乡村群众文化活动中去，能够有效提升农民群众的综合文化素质，从而提升他们当家作主的能力和主人翁意识。最后，积极健康的乡村群众文化活动本身具有一种积极向上的感化力量，能够让农民群众树立积极健康的生活观和价值观，有利于他们朝着更好的方向去生活和工作。同时，有了积极健康的乡村群众文化活动，使得农民群众有了很好的压力和情绪释放的地方，能够减轻农民群众的生活戾气，间接改善农村的治理环境，从而促进农村的有效治理。

五、发展乡村群众文化有利于推动乡村经济发展

发展乡村群众文化能够从多个方面促进乡村经济发展。其一，发展乡村群众文化有利于提升农民群众的综合文化素养，不仅能提升他们勤劳致富的能力，更能增强他们勤

劳致富的自信和志气,从而从根本上推动农村经济的快速发展。其二,发展乡村群众文化能够营造乡风文明良好氛围,传承优秀的传统文化,促进乡村旅游蓬勃发展,从而促进乡村经济的快速发展。其三,发展乡村群众文化能够促进乡村的和谐治理,有利于乡村公共基础设施的发展和外来项目的落地,从而间接促进乡村经济的快速发展。其四,发展乡村群众文化能够繁荣乡村的文化市场,刺激农民群体的文化消费,从而带动文化产业的蓬勃发展。

第四节 乡村群众文化阵地建设的内涵及要求

一、乡村公共文化服务和乡村群众文化阵地建设

要科学把握乡村群众文化阵地建设的内涵,开展好新时期的乡村文化阵地建设,首先需要理清群众文化事业与公共文化服务的关系,以及乡村群众文化阵地建设与群众文化事业、公共文化服务之间的关系。

(一)群众文化事业与公共文化服务体系

群众文化事业是指群众文化活动,以及为开展群众文化工作,组织、辅导和研究群众文化活动而设置的组织机构和文化设施,它是开展群众文化工作和群众文化活动的物质条件和组织保证。公共文化服务是指由公共部门或准公共部门共同生产和提供的,以满足社会成员基本文化需求为目的,着眼于全体公众的文化素质和文化生活水平,既给公众提供基本的精神文化享受,也维持社会生存与发展所必需的文化环境与条件的公共产品和服务行为的总称。公共文化服务体系主要包括群众文化事业公共图书馆事业、博物馆事业、美术馆事业、综合文化服务中心等诸多系统,从内容上来说,群众文化事业属于公共文化服务体系,内容相比而言主要集中在满足人民群众的文化艺术需求。国家发展群众文化事业,主要通过设立群众艺术馆、文化馆(站)等文化服务机构来满足人民群众对文化艺术生活的基本需求。因此,根据本书对群众文化的定义,群众文化事业

并不能满足群众对文化的所有需求，只有公共文化服务体系才能满足群众对文化的全方面需求。

（二）乡村群众文化事业、乡村公共文化服务体系与乡村群众文化阵地建设

乡村群众文化事业是指群众文化事业中面向乡村的部分，具体到乡村群众文化工作层面，即在乡镇街道设立综合性文化站，在乡村设立文化书屋，组织艺术骨干培训、传授传统文化技艺，组织送戏下乡、送电影下乡等系列乡村文化艺术活动。从所涉及的内容面上来看，乡村群众文化事业并不能满足乡村所有的群众文化需求，如农民群众对教育培训、体育休闲等的文化需求。因此，本书认为，乡村群众文化事业作为乡村公共文化服务体系的一个子系统，并不等于乡村群众文化阵地建设。

乡村公共文化服务体系是指公共文化服务体系面向农村的部分，具体到实际工作层面包括乡镇综合文化站、村（社区）综合文化服务中心、农家书屋等的建设和管理工作，还包括完善基层公共服务基础设施，组织开展农民群众文化活动，鼓励农民群众、企业、社会积极举办群众文化活动等。从乡村公共文化服务体系所涵盖的内容上来看，其与乡村群众文化阵地建设的内容较为一致，是乡村群众文化阵地建设的核心内容。

目前，关于乡村群众文化阵地建设的内涵，学界研究得较少，鲜有研究者就乡村群众文化阵地建设的内涵做出详细的论述。大部分研究者习惯将乡村群众文化阵地建设理解为乡村群众文化的场所和设施建设，即乡镇综合文化站建设、乡村的公共文化活动场地和设施建设等。但笔者认为，如果只是把乡村群众文化阵地建设简单地理解为场地和设施建设，而忽略了农民群众对文化活动需求这一核心原则，忽略了乡村群众文化的复杂性，那么乡村群众文化阵地建设就会变成重建轻管、背离群众需求的形式主义工作。正如张素英等在《略论推进新时代乡村文化阵地建设》一文中所言："新时代乡村文化阵地建设的内涵绝不仅仅是场地（场所）及设施建设这么简单，而是包括政治导向、思想引领、时代精神、组织机构、人才培训制度机制、优秀文化传承、场地（场所）设施、实际效果、控制范围、作用及影响等方面在内的系统性建设工程，既需要长远规划统一领导、认真组织，又要求突出地域特点、历史风貌、风土人情，充分体现积极、健康、奋斗、向上的新时代特征。"可以说，张素英等敏锐地看到了乡村文化阵地建设的复杂性和系统性，意识到了要做好乡村文化阵地建设必须从思想引领、组织架构、人才队伍、体制机制、主体内容场地（场所）设施建设成效等多维度入手，才能构建出一个强而有

效的文化阵地。相对而言，张素英等对乡村文化阵地构建的看法是比较全面到位的，但他们依然存在一点不足之处，那就是他们依然只停留在政府层面来谈论农村的文化阵地建设，忽略了农民群众作为文化活动的创造者和享受者在乡村文化阵地建设过程中的价值和作用，同时也忽略了社会组织和民营企业在推动乡村文化阵地建设当中的作用。综合上述诸多要素，本书尝试对乡村群众文化阵地建设做如下定义：乡村群众文化阵地建设是指以政府投入的公共文化服务体系为主，以尊重、发展和满足乡村群众文化需求为目的，充分发挥农民群众自办文化、社会企业民营文化等包括思想政治引领、培育时代精神、完善组织机构搭建人才队伍、完善制度机制、传承优秀文化、完善场地（场所）设施确保建设成效等方面在内的系统性建设工程。在这一过程中不仅要综合考虑乡村群众文化建设涉及的诸多要素，还要积极发挥好政府、社会以及农民群众之间的良性互动，最关键的是要使农民群众的文化休闲活动既能满足农民群众自身对美好幸福生活的向往，又能实现国家促进社会主义文化事业繁荣发展、乡村和谐治理以及乡村振兴等目标。

二、乡村群众文化阵地建设的新时期要求

乡村公共文化的建设"可以满足农民日益增长的文化生活需求，积极培育农民之间的新集体主义意识和互助合作精神，增强农村社区内聚力"。正因为乡村公共文化的建设有其重要价值，随着时代的更迭，新时期的中国对乡村群众文化阵地建设也提出了新要求，正如马克思曾说："随着经济基础的变更，全部庞大的上层建筑也或慢或快地发生变革。"

（一）以传承发扬中华民族优秀传统文化为核心

为了适应新时期乡村振兴的要求，中央多次发文对如何做好新时期农村群众文化阵地建设提出了指导意见，如中共中央办公厅、国务院办公厅印发的《关于实施中华优秀传统文化传承发展工程的意见》（中办发〔2017〕5号）提出："坚持辩证唯物主义和历史唯物主义，秉持客观、科学、礼敬的态度，取其精华、去其糟粕，扬弃继承、转化创新，不复古泥古，不简单否定，不断赋予新的时代内涵和现代表达形式，不断补充、拓展、完善，使中华民族最基本的文化基因与当代文化相适应、与现代社会相协调。"该文件对新时期乡村群众文化阵地建设该如何传承好中华优秀传统文化提供了指导性意见。

（二）积极培育和践行社会主义核心价值观

2018年9月，中央农村工作领导小组办公室颁布的《乡村振兴战略规划（2018—2022年）》提出："坚持以社会主义核心价值观为引领，以传承发展中华优秀传统文化为核心，以乡村公共文化服务体系建设为载体，培育文明乡风、良好家风、淳朴民风，推动乡村文化振兴，建设邻里守望、诚信重礼、勤俭节约的文明乡村。"该规划明确提出要坚持以社会主义核心价值观为乡村文化振兴的引领。2019年，中共中央办公厅、国务院办公厅印发的《关于加强和改进乡村治理的指导意见》中再次强调积极培育和践行社会主义核心价值观，坚持教育引导、实践养成、制度保障三管齐下，推动社会主义核心价值观落细落小落实，融入文明公约村规民约、家规家训。各乡村通过新时代文明实践中心、农民夜校等渠道，组织农民群众学习习近平新时代中国特色社会主义思想，广泛开展中国特色社会主义和实现中华民族伟大复兴的中国梦的宣传教育，用中国特色社会主义文化、社会主义思想道德牢牢占领农村思想文化阵地；完善乡村信用体系，增强农民群众诚信意识；推动农村学雷锋志愿服务制度化、常态化；加强农村未成年人思想道德建设。

（三）实施乡风文明培育行动

我国拟通过乡村群众文化阵地建设，弘扬崇德向善、扶危济困、扶弱助残等传统美德，培育淳朴民风；开展好家风建设，传承传播优良家训；全面推行移风易俗，整治农村婚丧大操大办、高额彩礼、铺张浪费、厚葬薄养等不良习俗；破除丧葬陋习，树立殡葬新风，推广与保护耕地相适应、与现代文明相协调的殡葬习俗；加强村规民约建设，强化党组织领导和把关，实现村规民约建制村全覆盖；依靠群众因地制宜制定村规民约，提倡把喜事新办、丧事简办、弘扬孝道、尊老爱幼、扶残助残、和谐敦睦等内容纳入村规民约；以法律法规为依据，规范完善村规民约，确保制定过程、条文内容合法合规，防止一部分人侵害另一部分人的权益；建立健全村规民约监督和奖惩机制，注重运用舆论和道德力量促进村规民约有效实施，对违背村规民约的，在符合法律法规前提下运用自治组织的方式进行合情合理的规劝、约束；发挥红白理事会等组织作用，鼓励地方对农村党员干部等行使公权力的人员，建立婚丧事宜报备制度，加强纪律约束。

（四）发挥道德模范引领作用

深入实施公民道德建设工程，加强社会公德、职业道德、家庭美德和个人品德教育。

大力开展文明村镇、农村文明家庭、星级文明户、五好家庭等创建活动，广泛开展农村道德模范、最美邻里、身边好人、新时代好少年、最美家庭等评选活动，开展乡风评议，弘扬道德新风。

（五）加强乡村文化引领

加强基层文化产品供给、文化阵地建设、文化活动开展和文化人才培养。传承发展农村优秀传统文化，加强传统村落保护。结合传统节日、民间特色节庆、农民丰收节等，因地制宜广泛开展乡村文化体育活动。加快乡村文化资源数字化，让农民共享城乡优质文化资源。挖掘文化内涵，培育乡村特色文化产业，助推乡村旅游高质量发展。加强农村演出市场管理，营造健康向上的文化环境。

（六）做好乡村群众文化数字化工作

当今世界是信息化时代，已经步入了5G时代，因此乡村群众文化阵地建设工作要与时代紧密结合，引入数字化的工作思维和方式，完善乡村群众文化工作的数字化设备建设，引导人民群众通过数字化渠道满足自身的精神文化需求。通过完善群众文化活动的数字平台（如完善网上图书馆、电子阅览室等），可以缩短城乡差距，丰富农民群众文化休闲娱乐方式，提升农民群众文化休闲生活品质。

第五节 乡村群众文化阵地建设的政策法规精神

目前，我国未出台专门针对乡村群众文化阵地建设的政策法规，相关文件精神主要参考关于公共文化服务体系建设、群众文化事业等有关政策法规文件。总体说来，关于群众文化阵地建设的法律文件较少，以政策文件居多，以分散在其他政策法规文件和专门的群众文化、公共文化服务政策法规为主。本书梳理了关于公共文化服务和群众文化事业的一些重要法规文件，以供参考。

一、《宪法》是我国开展群众文化工作的根本法律依据

《宪法》第二十二条规定："国家发展为人民服务、为社会主义服务的文学艺术事业、新闻广播电视事业、出版发行事业、图书馆博物馆文化馆和其他文化事业，开展群众性的文化活动。国家保护名胜古迹、珍贵文物和其他重要历史文化遗产。"《宪法》第二十四条规定："国家通过普及理想教育、道德教育、文化教育、纪律和法制教育，通过在城乡不同范围的群众中制定和执行各种守则、公约，加强社会主义精神文明的建设。"

二、关于发展公共文化服务的政策规定

2005年12月，中共中央、国务院下发的《关于深化文化体制改革的若干意见》（中发〔2005〕14号）要求，要加大公益性文化事业投入，调整资源配置，逐步构建公共文化服务体系。进一步完善鼓励捐赠和赞助等各项政策，拓宽渠道，引导社会资金以多种方式投入文化公益事业。加大乡村文化基础设施建设投入，逐步解决乡村文化产品和服务相对缺乏的问题，丰富农民群众精神文化生活。

2007年8月21日，中共中央办公厅、国务院办公厅印发的《关于加强公共文化服务体系建设的若干意见》（中办发〔2007〕21号）提出了做好公共文化服务的指导思想及相关任务。2015年，中共中央办公厅、国务院办公厅印发的《关于加快构建现代公共文化服务体系的意见》（中办发〔2015〕2号）强调从基本国情出发，认真研究人民群众的精神文化需求，因地制宜，科学规划，分类指导，按照一定标准推动实现基本公共文化服务均等化，切实保障人民群众基本文化权益，促进实现社会公平；简政放权，减少行政审批项目，引入市场机制，激发各类社会主体参与公共文化服务的积极性，提供多样化的产品和服务，增强发展活力，积极培育和引导群众文化消费需求；强调到2020年，基本建成覆盖城乡、便捷高效、保基本、促公平的现代公共文化服务体系。拓展重大文化惠民项目服务"三农"内容。加大对农村民间文化艺术的扶持力度，推进"三农"出版物出版发行、广播电视涉农节目制作和农村题材文艺作品创作。完善农家书屋出版物补充更新工作。统筹推进农村地区广播电视用户接收设备配备工作，鼓励建设农村广播电视维修服务网点。大力开展流动服务和数字服务，打通公共文化服务"最后一公里"。建立公共文化服务城乡联动机制。以县级文化馆、图书馆为中心推进总分馆制建

设，加强对农家书屋的统筹管理，实现农村、城市社区公共文化服务资源整合和互联互通。推进城乡"结对子、种文化"，加强城市对乡村文化建设的帮扶，形成常态化工作机制。中共中央办公厅、国务院2015年下发的这份《关于加快构建现代公共文化服务体系的意见》目前是指导全国开展公共文化服务工作的主要政策文件。2015年，《国务院办公厅转发文化部等部门关于做好政府向社会力量购买公共文化服务工作意见的通知》（国办发〔2015〕37号）强调以人民为中心，坚持社会主义先进文化前进方向，将政府向社会力量购买的公共文化服务与培育践行社会主义核心价值观相结合、与传承弘扬中华优秀传统文化相融合，发挥文化引领风尚、教育人民、服务社会、推动发展的作用。到2020年，在全国基本建立比较完善的政府向社会力量购买公共文化服务体系，形成与经济社会发展水平相适应、与人民群众精神文化和体育健身需求相符合的公共文化资源配置机制和供给机制，社会力量参与和提供公共文化服务的氛围更加浓厚，公共文化服务内容日益丰富，公共文化服务质量和效率显著提高。此外，该文件还列出了政府向社会力量购买公共文化服务指导性目录，明确政府可以向社会力量购买公益性文化体育产品的创作与传播，公益性文化体育活动的组织与承办，中华优秀传统文化与民族民间传统体育的保护、传承与展示，公共文化体育设施的运营和管理，民办文化体育机构提供的免费或低收费服务等公共服务。

三、关于群众文化事业机构的专门法规文件

1992年5月，文化部颁布实施了《群众艺术馆、文化馆管理办法》（文群发〔1992〕28号），该文件对群众艺术馆、文化馆两馆的机构、性质、任务、干部、设施设备、经费、制度等做了十分详细的规定，为开展好群众文化事业提供了政策遵循。2003年8月，国务院颁布施行《公共文化体育设施条例》，该文件规定，公共文化体育设施是指由各级人民政府举办或者社会力量举办的，向公众开放用于开展文化体育活动的公益性的图书馆、博物馆、纪念馆、美术馆、文化馆（站）、体育场（馆）、青少年宫、工人文化宫等建筑物、场地和设备。2009年10月1日，文化部颁布施行《乡镇综合文化站管理办法》，该文件规定，乡镇综合文化站是指由县级或乡镇人民政府设立的公益性文化机构，其基本职能是社会服务、指导基层和协助管理乡村文化市场。乡镇人民政府负责文化站日常工作的管理，县级文化行政部门负责对文化站进行监督和检查，县文化馆、图书馆等相关文化单位负责对文化站开展对口业务指导和辅导。文化站的主要职能是，开

展书报刊借阅、时政法制科普教育、文艺演出活动、数字文化信息服务、公共文化资源配送和流动服务、体育健身和青少年校外活动等。文化站通过以下方式履行职能、开展服务：①举办各类展览、讲座，普及科学文化知识，传递经济信息，为群众求知致富，促进当地经济建设服务。②根据当地群众的需求和设施、场地条件，组织开展丰富多彩的、群众喜闻乐见的文体活动和广播、电影放映活动；指导村文化室（文化大院、俱乐部等）和农民自办文化组织建设，辅导和培训群众文艺骨干。③协助县级文化馆、图书馆等文化单位配送公共文化资源，开展流动文化服务，保证公共文化资源进村入户。④在县级图书馆的指导下，开办图书室，开展群众读书读报活动，为当地群众提供图书报刊借阅服务。⑤建成全国文化信息资源共享工程基层服务点，开展数字文化信息服务。⑥在县级文化行政部门的指导下，搜集、整理非物质文化遗产，开展非物质文化遗产的普查、展示、宣传活动，指导传承人开展传习活动。⑦协助县级文化行政部门开展文物的宣传保护工作。⑧受县级文化行政部门的委托，协助做好乡村文化市场管理及监督工作；发现重大问题或事故，依法采取应急措施并及时上报。此外，该文件还对乡镇综合文化站的规划和建设、人员和经费、检查和考核都做了明确规定，有效地推动了乡村群众文化阵地工作的开展。

2012年，住房和城乡建设部、国家发展和改革委员会、文化部联合发布了《乡镇综合文化站建设标准》，对文化站的建设规模选址以及建筑面积指标等做了具体的规定。2015年10月20日，国务院办公厅发布《国务院办公厅关于推进基层综合性文化服务中心建设的指导意见》（国办发〔2015〕74号），指出基层农村公共文化设施总量不足、布局不合理，尤其在西部地区和老少边穷地区，基层文化设施不足的问题突出；面向基层的优秀公共文化产品供给不足，特别是内容健康向上形式丰富多彩、群众喜闻乐见的文化产品种类和数量少，服务质量参差不齐；由于缺少统筹协调和统一规划，公共文化资源难以得到有效整合，条块分割、重复建设、多头管理等问题普遍存在，基层公共文化设施功能不健全、管理不规范、服务效能低等问题仍较突出，总量不足与资源浪费问题并存，难以发挥出整体效益。该文件指出，到2020年，全国范围的乡镇（街道）和村（社区）要普遍建成集宣传文化、党员教育、科学普及、普法教育、体育健身等功能于一体，资源充足、设备齐全、服务规范、保障有力、群众满意度较高的基层综合性公共文化设施和场所，形成一套符合实际运行良好的管理体制和运行机制，建立一支扎根基层、专兼职结合、综合素质高的基层文化队伍，使基层综合性文化服务中心成为我国文化建设的重要阵地和提供公共服务的综合平台，成为党和政府联系群众的桥梁和纽带，成为基层党组织凝聚、服务群众的重要载体。该文件的颁布极大地推动了乡村群众文化阵地工作的开展。2016年8月29日，中华人民共和国国家质量监督检验检疫总局（2018年改组为"中华人民共和国国家市场监督管理总局"）和中国国家标准化管理委员会联合发布了《乡镇综合文化站服务标准》（GB/T32940—2016）文件，并于2017年3月1日起实施。该文件对乡镇综合文化站的服务条件、服务规范、服务安全、服务评价与改进都进行了具体的规定，进一步推动了乡镇综合文化站的发展建设。

第七章 乡村文化传承与乡村旅游

第一节 乡村文化传承的路径与乡村旅游

一、乡村文化传承的路径

党的十九大以来,农村精神文明建设进入了大发展、大繁荣时期。当前阶段,乡村建设应紧紧抓住新时代带来的发展机遇,扎实推进农村精神文明建设,发挥乡村文化特色优势,促进乡村文化创造性转换、创新性发展,推动乡村文化的保护与传承。

(一)挖掘乡村传统文化

乡村振兴离不开文化的引领,但随着城镇化浪潮的席卷,大量乡村人口开始向城市迁徙,导致部分偏远乡村出现凋敝、衰败的现象,对传统文化的传承也造成了一定的冲击。因此,挖掘和整理乡村传统文化,深入研究其形成、更新和发展变化,也是乡村建设的重要任务之一。

1.普查整理

相关部门应成立专门的普查小组,协同当地政府、村民对乡村文化进行全面普查,并做好相关登记工作。同时运用文字、录音、录像、扫描等方式,建立资料数据库,为乡村文化保护规划奠定基础。此外,在广泛深入普查的基础上,协同相关专家、学者、设计师做专题设计规划,有针对性地提出保护措施,尽力修缮被破坏的古迹,并做好相应的记录。

2.完善制度

现行的法律法规无法对所有的文化遗产形成有效保护,因此应制定与传统文化保护相匹配的法律条文，各地区要加大对乡村物质文化遗产和非物质文化遗产的保护力度，制定针对乡村文化遗产保护的认定标准和程序。此外，应集中开展非物质文化遗产申报培训，全面挖掘整理民俗文化精髓和民俗典故，组织专业人员进行系统包装，申报一批省级、市级非物质文化遗产项目。

3.注重研究

从农耕文明、衣食住行、婚丧嫁娶、礼乐、灶火等方面进行研究、探讨，这些民俗文化之所以长期存在，有其存在的合理性，是历史长期积淀的产物，要采取扬弃的态度，古为今用，移风易俗，推动社会前进。

4.传承弘扬

第一，加强乡村民俗艺人挖掘、访问和保护工作，保证掌握特殊技艺的民间艺人的生活，确保民俗文化后继有人。

第二，建立民俗文化培训基地，定期开展民俗文化辅导班，以理论和实践相结合的方式，壮大民俗文化爱好者队伍。

第三，加强农村公共文化服务体系建设，以文化站、文化活动中心、图书室等群众文化活动场地为载体，广泛开展各类文化活动。

第四，制定规范标准，出台扶持保护措施，设立专项资金，确保传统文化保护的资金来源。

（二）发展乡村特色文化产业

我国乡村文化底蕴丰厚，包括乡村历史文化、红色文化、农耕文化、民俗文化、饮食文化、建筑文化、山水文化及田园风光等，为发展乡村特色文化产业提供了有利条件。从实际情况来看，当前很多乡村的特色文化产业正依托地方文化资源，发挥其本身的独特优势，在促进地方，尤其是民族地区优秀传统文化的保护、传承与创新的同时，乡村特色文化产业也日益成为乡村振兴的重要途径之一。

1.规划引导

科学的产业规划，明确的目标定位，正确的发展路径，是乡村文化产业发展的基础。要围绕文化圈、文化带、文化脉络，打造出一个定位精准的市场主题。要突出历史穿透力、生活渗透力，盘活乡村文化资源，促进乡村文化产业发展。

2.培育产品

乡村文化产业要立足市场、走进消费，应链接农村生产、生活、民俗、农舍、休闲、养生等系统，打造乡村文化产业链；以独具差异性的产品为载体，植入乡村文化，做精做强，将文化内涵体现在农产品或商品里面，形成独具特色的个性农产品和农产品产业文化，增强产品文化吸引力。

3.产业融合

发展乡村特色文化产业要做好文化与传统农业产业的融合，改变原来以农产品生产和销售为立足点的农业发展模式，以农产品为原点，以文化创意为核心，借助文创的力量，实现农业的文创转型，形成多产业联动的乡村文化产业体系，整合提升农业产业价值。

（三）丰富乡村文化生活

随着美丽乡村建设工作的扎实推进，广大乡村居民的生活条件日趋改善，群众对精神文化生活的追求日渐强烈，广大乡村居民日益增长的文化体育需求与文体设施短缺的矛盾也日趋尖锐。因此，应高度重视乡村文化生活建设，集中力量改变农村文体生活匮乏的局面，扩大文体活动的村民参与面。

1.加快乡村文化基础设施建设

一是加快建设一批集群众业余文艺演出、体育活动、电影放映等于一体的综合功能场地和综合性文化中心。二是有效整合农村公共文化资源与其他公共资源，提高各类公共资源综合利用率。三是充分利用新技术、新平台、新载体，实现不同形态公共文化资源的数字化交融与共享，有效提升农村公共文化服务数字化供给能力。例如，有条件的农村可以推进数字图书馆、信息共享工程和公共电子阅览室三位一体的文化共享工程。

2.开展公共文化思想教育活动

一是保护现有的文体人才，并积极挖掘农民潜力，发现和培育热心开展文体活动、热衷文体技艺学习与实践的农民，为他们提供培训、展示、交流的机会，壮大农村文体人才队伍。二是让当地的文化和经济要素与活动联姻，立足生态特色、乡村特色，依托文化资源和物产资源，开展群众性节日民俗活动。例如，按照不同产业和产品季节差异，开展"一乡一节""一月一节""一品一节"的农事节庆活动。

二、乡村文化与乡村旅游

(一)乡村文化与乡村旅游的关系

具体说来,乡村旅游即为以乡村文化为产品核心的旅游,其凭借着清新的田园风光、恬静的自然环境满足了都市人远离喧嚣、返璞归真的情感需求。

从文化的角度看,乡村旅游是一种依赖于乡村资源并感受和体验乡村文化的旅游活动,其"聚焦点"就在于乡村区别于城市的文化特性和本真属性。

1.乡村文化迎合了游客的心灵需求

陶渊明笔下祥和宁静的山水田园风情,如今是吸引城市人进行乡村旅游的重要因素。"采菊东篱下,悠然见南山"已经成为一种乡村文化意境的典型,演绎成一种文化符号,产生着意味深长的旅游吸引力。

基于对桃花源般理想境界的追寻、田园牧歌般的诗意抒发,乡村风土人情的感知,乡村特有的文化资源成为现代都市人青睐的乡村旅游活动和产品形态。

正如有学者感言:"现代人已经不太需要去对抗饥寒交迫的窘境和其他有伤身体的危险,但却必须对付排得满满的日程、繁忙的交通、噪声、拥挤、竞争和其他人为的紧张情境。"环境恶化、金融危机、食品安全、生存压力等一系列社会问题令都市人感到身心疲惫。

乡村旅游的主要服务对象是城市居民,许多人渴望返璞归真,融入自然、愉悦身心。乡村的自然与人文风情皆清新怡人,远离俗世的纷繁嘈杂,迎合了游客的审美需求,尤其是心灵需求。

2.文化传承是乡村旅游发展的根本动力

乡村文化存在的形式丰富多样,"日出而作,日落而息"的辛勤耕作方式,生态自然的乡村美食,乡土气息浓郁的民俗风情,这些乡村场景传递着迥异于城市的恬静意境,散发着乡村旅游的独特魅力,令都市人在新奇的同时又为之神往。随着乡村旅游模式的日益成熟和多样化,人们从单纯的观光欣赏到追求深度的体验,在参与生产劳作和民俗工艺的活动中习得农耕文化知识和乡土生活经历。正是在体验乡村生活和乡村文化的一系列过程中,人们对乡村再次形成一种认同感和归属感。

乡村生活方式传承和延续了传统文化的血脉精髓,这种延续也成为乡村旅游兴盛开展的先决条件。脱离乡村文化则乡村旅游业的可持续性发展将无从谈起。因此,文化是乡村旅游发展的核心竞争力,是可持续发展的源泉和驱动力。

（二）乡村文化在乡村旅游规划中的表达

我国是一个历史悠久的文明古国，拥有适合乡村旅游的丰富农业资源，在乡村旅游规划中，如何表达乡村文化意义重大。

1.通过乡土建筑风貌展示乡村文化

在各个乡村中，其本土建筑具有丰富的历史、文化、艺术建筑，直接反映了不同乡村的不同文化内涵和个性特征。目前，有的规划盲目要求迁建、复建或兴建人造景观，致使一些乡土建筑原有的历史风貌格局被肢解，造成乡村特色文化的缺失。但是无论是清丽婉约的水乡古镇，还是质朴自然的黄土窑洞，都是乡村人祖辈智慧的结晶。乡民祖居于此，乡土建筑与乡民的生活息息相关，所以对乡土建筑的改造与利用，应当充分听取乡民的意见，尊重其结构的特色和完整性。

2.通过乡村活动展现乡村文化

在进行乡村旅游规划时，应注意结合乡村人民日常活动进行设计，使游客可以在旅游中参与到本土乡民的生活形态中去。例如，通过组织开展推磨、播种、收割、喂养家禽家畜等农事活动，让游客体验乡民劳作的艰辛；通过设计组织游客参与赶集、庙会等活动，让游客认识乡村贸易的民俗形态；通过组织游客体验如跳鸡、抬轿子、打水漂等游戏活动，让游客体验乡村自然纯朴的休闲文化；通过设计开展乡村戏曲学唱、乡村艺人表演等文艺活动，让游客充分融入乡村生活。

3.通过家族文化的传承展现乡村文化

在乡村中，宗族、家族氛围依旧十分浓厚，这就使得在不少乡村社会中，祠堂、族谱等文化传承之物依旧存在。对此，可以通过祠堂修缮、族谱修订等方式，将祠堂、宗祠融入乡村旅游，并设计成一个参观项目，使游客体验到乡村文化中"人"的代际和情感的延续。

4.通过乡民的参与彰显乡村文化之魂

对于乡村旅游而言，乡民作为直接的文化传承和展示者，是最为丰富的文化资源。当前，部分规划将乡民迁出村落，让投资者入驻经营，殊不知失去了乡民的乡村也就丢掉了乡韵、乡魂。

只有通过乡民的积极参与，包括从事本土民俗表演、指导农事活动、教授乡村游戏，以及提供有乡村特色的餐饮、住宿等服务，才能给游客以真实的乡村面貌，这也是乡村旅游须臾不能离开的魂之所在。

（三）乡村文化旅游开发的特色模式

1. 生态博物馆

生态博物馆并不是集中收藏展示文化，而是以文化遗产的"真"面目形象展示出来，属于世界上最先进的博物馆建设理念。人们在这样的博物馆中可以认识到乡村文化的近似原始状态，这种模式特别适合一些民族特色保存较好村寨的旅游开发，是一种具有可持续性优势的新型模式。

对于民族村寨的旅游开发，可以通过建立生态博物馆的方式实现，早在1995年，我国就率先在贵州地区建立了第一个梭嘎苗族生态博物馆，此后，我国相继建立了隆里古城汉族生态博物馆、堂安侗族生态博物馆等16个具有当地文化特色的生态博物馆。生态博物馆的建立，可以更好地保护和保存文化遗产的真实性、完整性和原生性；并将保存的民俗与旅游较好地结合起来，形成民俗主题旅游，让游客能亲身体验古老而传统的、浓郁的民族文化。

2. 新农村田园主义

在城市环境不断恶化的情况下，人们开始重新思考城市发展理念和重新认识城市的功能，许多城市陆续开启了"田园城市"的构想。这种构想将乡村文化慢慢渗透到城市中去，为乡村文化在城市的复兴奠定了基础。我国乡村旅游起步虽晚，但现在的发展势头方兴未艾，而且已经形成了一种全新的旅游模式，被誉为"新农村田园主义时代"。这种模式将乡村引入城市并用乡村文化来升华城市和提升区域综合价值，是一个兼带城市魅力和乡村情调的心灵处所，是一个家庭和工作以外的舒适的社会交往、休闲娱乐的胜地。

3. 永不落幕的庙会

庙会作为一种"活着的民俗文化"，将其应用到乡村旅游规划中收效显著。①庙会应一如既往地将动态表演和静态展示常态化；②在庙会文化旅游中应积极传播最具民俗艺术性和乡村文化性的项目，如高跷、社火、锣鼓、龙灯等；③最为重要的是将参与性与观赏性有机结合，增加旅游者的美好体验，例如让旅游者加入表演的马戏、杂耍、舞蹈等活动。

综上所述，乡土文化是乡村旅游的立足点和灵魂。挖掘乡村文化的内涵，依托乡村丰富的自然环境、人文资源、农业基础，发展集农耕文明、观赏、娱乐、体验等为一体的特色旅游文化品牌，是促进乡村旅游可持续发展的有效途径。

第二节 传统文化与乡村旅游

一、乡村旅游中体现的传统文化

（一）乡村旅游吸引力强调传统文化的意义

传统文化保持着乡村旅游活动与人的关系，它不仅是乡村旅游管理者提供的"商品"，也是来乡村旅游的游客渴望享受和追求的对象。从这个意义上说，传统文化处于旅游者和旅游管理者双边关系的核心地位。

现代旅游的外在形式是人类情绪的释放，但旅游本质上是一种精神欲望的满足。每个社会都有一个反映自己文化的"梦想情节"，例如美国人热衷于乡村旅游，甚至总统都是农场牧场旅游爱好者。旅游者对乡村旅游市场的需求表现为需要一个环境优美、民族文化浓厚的美丽农村。目前，在乡村度假、考察和学习的乡村游客数量和游客在乡村旅游地停留的时间都在逐年增加。在游客的年龄结构中，年轻人的比例也在逐年增加。乡村旅游文化以传统文化为特色，乡村旅游的吸引力体现在独特的乡村景观中。

事实上，"旅游文化"是一种伴随着旅游资源而产生的审美文化，它是乡村旅游资源的最大卖点，没有旅游文化，旅游资源就没有相应的文化底蕴。

具体地说，旅游者追求的总是自己本身所欠缺、所向往的审美对象。这种对象可以是某观赏物，也可以是某种民俗，它既可以是实体，也可以是抽象的存在。

无论如何，乡村旅游必须找到一种能产生"差异"的传统文化，可以在乡村旅游资源中创造文化差异，使游客能够看到、听到和体验到其与其他旅游景点的不同，从而吸引游客并赢得经济利益。

（二）传统文化在乡村旅游吸引力中的地位

游客对"乡村"抱有很大的兴趣，可以从多种角度进行解释：游客可以享受与传统和自然事物的"亲密接触"，享受宁静祥和的氛围，可以暂时脱离现代社会淡薄、孤独的人际关系，可以逃避都市的喧嚣和工作的压力，体会怀旧的感觉。所以一些发达国家，如法国和日本，在开发和规划乡村旅游资源时，都尽可能保持其传统的"旧式"。使旧式的、自然的景点或博物馆成为一个综合性的地方式博物馆。乡村旅游是在"乡村概念"中的旅行，而不是在"乡村空间"里旅行。乡村的核心吸引力，即"乡村魅力"，对于都市人群来说，是换一种"体验"，而不是只换一个"地方"。

需要指出的是，"乡村"并不一定都会对游客产生吸引力，只有那些拥有"理想景观"的村庄才能吸引游客。贫瘠的土地、污染的河流、不健康的生活、肮脏的环境和人烟稀少的乡村地区不太可能吸引游客。就"时段"而言，如果乡村生活繁忙，人们在这个时期都在努力地工作，这样的乡村生活或村庄，将不会吸引游客，更会对游客产生心理"压迫"。一个工作着的农村，很难形成一种风景画，理想的风景暗含着间离和观察的效果。旅游活动确实具有一定的欣赏体验的意义，旅游与审美活动相结合是必要的。

什么样的"乡村"才对旅游者产生核心吸引力呢？换句话说，现代旅游者到底为什么选择"乡村旅游"呢？其中至少有两个条件是必须要满足游客的，即"游客的乡村旅游"既是寻求一种"真实性"，同时又要满足"好玩"和放松等因素。满足这两个条件的乡村大致是以下三种情形。

1. 优美的风景

在保持完整的自然生态系统的同时，村庄与自然构成了和谐的关系，它们是一个有机的整体。在陶渊明的笔下，用"小桥流水人家"来表达"桃花源"的意境，置于其中的游客将有放松的感觉。

2. 别致的风俗

有当地独特的文化遗产（包括物质方面和精神方面），保持乡村传统习俗，如生产生活方式、居住、宗教、歌舞、服装等。游客可以体验丰富而独特的传统文化，感受当地文化的独特风格。

3. 异族的风情

鲜明的民族特色是自然而然地传承下来的，而不是由现代社会人为设计的。有一个相对完整的"跨文化"知识体系，游客可以观察和理解与传统文化完全不同的文化形式。

因此，乡村旅游的吸引物不仅包括村庄所在的外部环境，还包括传统的乡村文化。

（三）具有核心吸引力的乡村传统文化要素

乡村丰富的文化传统和文化资源可以看作是中国传统文化的代表。现代城市加速扩张的危机越来越明显，城市的"疾病"越来越严重，回归自然、远离城市、重返农村，一些乡土气息浓郁的乡村景观成为乡村旅游者感受和体验乡土文化的魅力之源。

1. 田园景观

田园景观是乡村旅游资源的特色之一。土地是农业生产的要素。几千年来，人们对土地的概念是生产农作物和食品，包括蔬菜、水果和其他农产品。在当代景观调查中，最典型的乡村景观是梯田景观。

梯田是人类长期生存和发展的智慧结晶，是水稻养殖文明的历史产物。梯田具有较高的科学文化和旅游价值。梯田和坡度都依赖于自然灌溉系统，可以称之为世界奇观，文化内涵丰富。当游客欣赏自然美景时，梯田凭借其优美的田园风光和生态环境，可以使游客感到赏心悦目。无论春夏还是秋冬，无论早晨还是傍晚，梯田的青山绿水、清溪路径都能吸引大量游客来观赏。大自然赋予人类的美景是让人着迷的，征服自然和改变自然的过程中人类所创造的奇迹更令人印象深刻。山上的梯田不仅是保护环境的开创性举措，而且有很高的观赏价值。

受传统观念的影响，田园景观只是生产的附属品，它从来没有被纳入景观建设的范畴。在乡村旅游发展的今天，如何使乡村的农田更加符合旅游对景观的要求，应该从以下三个方面进行把握。

（1）农田

在满足生产要求的前提下，规划了农田的规模和形状。大型农田和梯田相结合，或者稻田和旱地相结合，产生景观的层次感，满足层次丰富的要求，形成合理的空间变化。

（2）农作物

农作物非常有利于绿化，它们品种丰富多样。中国的农业生产积累了丰富的种植方法，不同的种植方法可以显示不同的景观效果。例如，以单株种植为点，行状种植为线，片状种植为面等。人们可以根据生产的需要对农作物的品种进行选择，种植不同季节开花的作物，这样四季都有花卉场景。

（3）周边环境

森林、草原和河流是秀丽景观的重要组成部分，它们体现了田园风光，体现了大自然的魔力，应加强对这些典型乡村景观构成要素的保护。

2. 农业生产

农业生产活动本身就是一种文化和技术的结合，具有乡村体验的价值。

我国的劳动人民创造了历史上的各种生产活动，如南方的水稻种植活动，水乡的渔业和北方的农业，所有这些都具有强烈的地方特色和历史文化。由于地理环境的不同，农业生产的类型也不同。南部的早期农业和北部的早期农业从生产形式到内容都有很大差异。

具有 5000 年历史的中华文明建立了适应不同地区生态条件的生产方式,目前传统的生产方式仍然存在于全国大部分地区,尚未被完全放弃。从旅游的角度来看,传统的生产方式是旅游的源泉。因此,作为乡村旅游资源的一部分,传统的生产方式在农业生产过程中被有意保存。对于现代人,特别是城市居民来说,农业生产不仅可以展示中国农业生产的历史和文化,还可以反映出现代农业生产的进步,同时旅游者可以直接参与到农业活动中去,体验农业生产的过程,农业生产场景可以使游客感到新奇有趣,游客可以很好地融入自然,体验生活的乐趣。

由于工业社会的快速发展,西方发达国家发现传统农业和传统生产方式在现在具有较高的文化价值和旅游价值,他们正在考虑收集传统的生产工具,学习传统的生产方式,教育公众,扩大旅游业。中国的科技发展速度很快,传统工艺消失也很快,如果不注意保护,就会失去传统文化中非常宝贵的部分。

3.乡村饮食

人类的饮食习惯经历了从粗到细,从自然到人工的曲折过程,现在又发展到回归自然的阶段。在欧洲和美国等西方国家,追求绿色食品、野生天然食品正成为时尚。中国人也渴望回归自然,追求宁静的乡村生活。以绿色著称的农村食品越来越受到人们的喜爱。

旅游资源开发的关键是"文化"资源的开发。在饮食中,强调文化,促进旅游文化,游客可以通过饮食达到精神享受的目的。

在开发旅游资源时,要根据农村饮食文化的区域性和多样化特点,选择最具代表性和最负盛名的资源,然后优化组合,将游客的心理因素与旅游目的地相结合,有针对性地举办以民族美食为主题的饮食文化旅游活动。

在各地的乡村,一大批传统乡镇菜席纷纷涌现,如豆腐全席、三笋席、玉兰席、全藕席。这些地方的食品具有独特的生产方式和饮食方法,这些当地丰富多彩的民族风味反映了各地区和各民族的独特饮食文化。在丰富农村饮食文化的同时,也为现代旅游业的发展提供了重要的资源。

乡村饮食文化的重要组成部分是茶、酒和乡村美食。它们的开发途径有以下两个方面:第一,茶文化、酒文化和饮食文化可以作为乡村民俗观光内容的一部分,它们具有较强的观赏性和参与性,是民族风情的重要组成部分。第二是开发各种特色旅游产品。许多民族都有其独特的茶、美酒或美食。以市场为导向,将传统乡村食品快速推向市场,这些特色商品具有开发特色旅游的广阔前景。

4.乡土文化

乡土文化是一个地方历史发展的结晶,主要表现在地方戏、民歌、诗歌、故事、饮食、服装、民风民俗、历史遗迹等方面。地方文化在我国文化中发挥着重要作用,是各种形式文学艺术创作的重要源泉。各种地方文化也是乡村生活中最活跃和最具吸引力的部分。

乡土文化是世界各国旅游活动的核心。中国有广阔的乡村地区,历史悠久,文化多元,大量不同风格的服装和美味的菜肴让人难以忘怀。中国的地方文化是宝贵的旅游资源和文化遗产,是旅游业发展的重心,在开发旅游资源时,必须更加注重挖掘乡村的旅游资源。

例如,大多数散落在内陆的古老村镇都有悠久的历史和丰富的文化内涵。经过数千年的发展,许多古老的城市保留了大量的历史文化遗产,留下了许多古老的传说。同时,少数民族地区也有着与生态环境有关的乡土文化现象。

5.乡村生活环境

乡村生活环境与城市生活环境有很大差异。乡村的宁静、自然与城市的喧嚣形成了鲜明的对比。现代城市面临严重的城市环境问题,这是推动乡村旅游快速发展的重要因素。乡村生活环境的优势可以体现在以下三个方面。

一是自然环境。人们常说的生态环境是大规模的自然环境,应充分利用乡村的环境优势,使其成为旅游发展的源泉。

二是居住区"四旁",指乡村住宅旁边的环境。乡村房屋四周有古树、小溪等,环境优美。房子四周种满了树木和蔬菜,进行了传统意义上的绿化。这些是中国山水画的传统主题。

三是住宅和室内环境。乡村的住宅保持着传统的建筑风格,东南地区和西北地区的建筑风格差异很大,山地和平原的乡村建筑之间也存在非常明显的差异。传统的乡村建筑拥有丰富的地方特色,反映了各地区的历史文化。由于民族乡村风格建筑具有很高的艺术价值,因此民族乡村成为重要的旅游景点。

人们无论处于哪个年龄段,对家庭关系的追求都深藏于心。对于游客来说,乡村是传统文化的承载地,不仅是村庄的"形式",还是村庄的"神",这些都是大都市中难以寻见的。在这个地方,人们可以感受简单朴素的生活。对于那些想要放松心情的当代都市人来说,这是一个理想的地方。

二、传统文化下乡村旅游的发展契机

要想深入了解当代乡村旅游的需求,必须结合传统文化对每一位消费者所可能产生的心理影响进行分析。可以这样认为,在家庭观念上对故乡和亲人的眷恋,在美学情趣上对刚柔相济格调的神往,在人生追求上与"天人合一"文化的共鸣,这些都对乡村旅游者的深层消费心理产生着深刻的影响。

(一)寻找乡村感受的故乡情结

乡村旅游具有无限魅力的原因在于游客心中挥之不去的"家乡情结"。中国人民对家乡的深深依恋是乡村旅游发展的根本方向,游客往往会到一个家庭氛围良好的村庄旅游,其实他们想要的只不过是一个温暖而优雅的家。

1.故土家园

对于现代中国许多城市旅游者来说,乡村是父辈、祖辈们的故乡,也是一部分人"接受贫下中农再教育""插队"的地方。对于众多作为乡村后裔的旅游者来说,乡村旅游则是体验先辈们的生活环境与情景,从而激发他们寻根的情怀。无论旅游者的先辈是否来自乡村,乡村仍然是他们在精神和情感上的"寻根"之处,他们都能在考察、体验乡村田园的过程中陶冶情操。

这是一种古老的向心型集聚式中华文化心理,表现为久泊他乡之后的一种极欲回家的"归巢"意识,也就是古诗中所描写的"鸟恋旧林,龟羡故渊"的情怀。浪迹天涯的中华儿女,在他们的内心深处总是挂着一个"家",这个"家"足以让人们的心理得到真正慰藉。城市里或远离家乡的人,在外面的奇妙世界中,经历着成功的喜悦、失败的挫折、虚幻的兴奋,残酷的现实及世界的动荡,将不可避免地产生疲惫和焦虑之感。就像长途旅行一样,在船上,有必要找到有人居住的港口,在世界各地旅行的人总是想回家。这时,每个人都希望有一个可以平静生活的舒适区。乡村旅游有着家所具有的舒缓人心的功能,并且有足够的魅力吸引流浪之人产生归家的冲动。

2.休闲家园

从旅游美学的本质来说,当今世界流行的度假休闲游,其实就是为了满足人们对某种"故乡情结"的需求。

工业化文明社会的激烈竞争使人们在整个工业化机器中扮演着"齿轮"和"螺丝"的角色,只有尽力争取,才能获得荣誉和财富的回报。

换言之,尽管白天上班,晚上总得回到自己的家。如此"上班—回家—上班"的机械轮回,仿佛让人觉得少了些什么。再往深处探究,其实少的正是真正意义上的"家"所应有的情韵。这样,城市的居民就想起了到乡村去休闲度假。这样的出游,虽然离开了自己的小"家",却可以暂时性地来到温暖而迷人的地方,在自然美丽的乡村,他们可以欣赏作为人类文化根源的大"家"的生活。乡村这种独特的亲情、闲情文化,与"天人合一"的环境,满足了人们潜在的对"故乡"深层审美文化的渴求。

3.空间距离

故乡与异域的空间距离越是遥远,思念之情就会越加炽烈。这种审美文化现象叫作"距离崇拜"。

"不识庐山真面目,只缘身在此山中"。当人们在他们的家乡时,他们感觉周围的一切都非常沉闷。一旦产生"距离",原本非常普通的场景,此时就被涂上了颜色,展现出神圣的特征。由于旅程的障碍,过去的感性形象已经变成了一种越来越富有想象力的心灵形象,只能被意会和理解。

旅游研究中的一般理论认为,空间距离与旅游动机之间的距离是成反比的。距离越远,就越不愿意旅行。距离越近,反而可以刺激旅行。这种现象在周末旅行中特别有效。

事实上,只要消除经济负担能力的障碍,解决交通"瓶颈"带来的疲劳,距离越远,越有可能产生神奇的诱惑,刺激动机的可能性增加。

当代旅游中有这样一种"闹城"现象:都市的居民意欲"出城",回归大自然;乡村的居民则希望"进城",羡慕大都市的壮观。后者的旅游动机属于"探奇览胜",探求见所未见的精彩世界,前者的旅游动机是"寻根、求底",寻找被城市化所遗忘的亲情,重新审视游牧文化,从城市到乡村,从高层建筑到青山绿水,它们之间的空间是有趣和有吸引力的。

"围城"中的人的回归自然游,其表面形态是"换换口味",而潜藏在其深处的是一颗热恋故土的赤子之心。因为,没有一个城里的人敢说,自己是真正的本地人,追根寻源,其实祖辈都是乡村人。正是心底的寻根意念,乡村的旷野田园、幽谷丛林,才会变得富有旅游价值。如果这些乡村的景象,与人们的日常栖息地之间毫无空间阻隔,司空见惯,那么一切就会化为视而不见的虚无,"故乡情结"也就会消散得无影无踪。显然,距离感是形成"故乡情结"的基本心理要素,也是人们萌发出游动机的心理前提。

鉴于寻"根"意识和中华民族根深蒂固的山水美学观念,富裕的城里人用日渐走红的回归自然游来表现其"远距离崇拜",从而将投身于大自然怀抱的举动,当成与传统对话、与祖先交流、与天地宇宙相融合的契机。

4.隔代亲情

乡村旅游，特别是古村镇旅游，其实也与度假休闲游和回归自然游一样，与人们的"故乡情结"有着紧密的联系。从生活中不难见到的"隔代亲情"现象入手，理解古村镇旅游的审美文化本质。

审美文化发生学告诉人们，中国古代历史文明，尤其是远古文明的感性形态所凝结的比起当今时代日新月异的辉煌成就，自有一番别开生面的纯真风韵。远古的图腾龙飞凤舞，彩陶的纹饰朴实生动；书法的线条流动畅达，还有古村落、古城镇、民族村落……诸如此类的文化创造物，正是中华民族的真正故乡。作为中华儿女，谁也无法忘却历史，忘却这历史陈迹中所沉淀的"隔代亲情"。

当代的旅游者，为文化所濡染，变得雅致、成熟，富有竞争意识，也因此产生生存负重感，一心想着自己要到哪里去，想找一个"回归"人性自然的处所。当处于种系发生学上的人类"爷爷"位置的古代灿烂文化，出现在人们面前时，传统文化自然产生了巨大的诱惑力，而使现代的人们找到了回归的精神寄托。因此，现代的人们谁也无法抵御这样的"隔代亲情"所弥漫的感性诱惑。

既然如此，在乡村旅游中就应缜密地思考如何精心保护人类文化的发展轨迹，保护具有"历史"性质的古村镇及文物古迹的演化脉络，认真梳理出一份富于层次感的乡土文化清单，以便从种系文化演化历史的角度，鉴赏和感悟乡村的无穷魅力，从而激发意味深长的"隔代亲情"。

5.生产劳动

参与适当的乡村生产劳动已成为乡村旅游的一项新的内容。

这一旅游活动的意义不在于它的经济价值，而在于它可以扩大人们的知识视野和审美的价值。人类的审美活动最初源于原始人类的生产劳动，在漫长生产劳动的社会实践中人类创造并积累了美感能力。在人类的审美活动完全独立发展之后，人的审美能力的获得、审美能力的发展仍然离不开最基本的社会实践——生产活动。旅游中的生产劳动参与，是"自由"的生产活动。整个生产活动处于充满田园诗意的自然环境中，作为劳动主要对象的大地、农作物和家禽、家畜等都是农业生态的组成部分，劳动行为的本质则是对农业生态规律的应用。无论是参与农作物的种植与收获，还是果树的护理与果实的采摘，抑或是家禽、家畜的养殖，在参与农业生产活动的过程中：一方面旅游者可以通过劳动认识自然、认识人与自然之间的和谐关系，感受自然生命的美的形式；另一方面旅游者可以在具体的劳动实践过程中掌握自然的规律，发挥自己的才智和创造力，同时体验和感受自由劳动所带来的快乐，使情感和心灵得到陶冶。

与自然生态的隔离和生活条件的优越，已使得城市中的许多青少年远离了自然生态，也远离了农村生产劳动。一方面可以让城市青少年在乡村旅游中参与适当的生产活动，并在这一过程中加深对劳动的体验；另一方面随着现代农业的发展，在农业生产中应用现代科学技术，为青少年乡村旅游提供了获取现代知识的良好条件。这两方面对于完善他们的心理结构，促进他们个性的全面发展和人格的完整有着积极的意义。

（二）传统中庸思想的审美情趣

中国传统文化观念所蕴含的美学指向，在于理想的景观世界应当是优美和崇高的统一。这种统一的表现方式是多种多样的，有阳刚之气和阴柔之情的统一，有游牧农耕文明和现代工业文明的统一等。从审美心理的角度上看，优美诱发的是"心境"，崇高诱发的是"激情"。推崇"中和之美"的中国人，其美学情趣，就是在实际的人生体验中，使得优美的心境和崇高的激情协调起来。

1.优美的心境

优美的本质在于现实对实践的高度肯定。现实对象总是处于相对静止和绝对运动的两种不同的状态，作为真和善、合规律性和合目的性彼此联系所体现出来的美，也就是自然表现出的或静止或运动两种形态。当客体和主体的矛盾对立，并在实践中趋向统一、平衡、和谐的境界时，就构成了优美的形象。

以最能体现优美本质的人类爱情生活来说，他和她都兼主客体角色于一身，由原先互不相干的孤立状态，发展为你我的相互吸引和沟通，从而进入"合二而一"的融贯境界。旅游过程的最终美学目的，是构筑一种以优美为主旋律的审美关系，这种旅游中的优美，既表现在人在景观中的情景交融，也表现在人们彼此相处时的文明礼貌。在这两种审美关系中，主客体双方排斥丑陋、摒弃偏见，势必会创造出一种高度文明的形象面貌，体验到一种让人愉悦欢快的美感。旅游消费最终购买的正是这种令人难忘的美妙体验和美好回忆。

在美的不同存在领域中，优美有着不同的表现形式。自然中的优美，侧重于理性内容的形式化，即主体（人类）的善，消融在客体（自然）的真（感性形式）之中。所谓的"人文山水"，如奇秀的黄山、清秀的庐山、灵秀的雁荡山、神秀的武夷山等，常具有清秀的姿态，飞舞飘逸的轮廓，开合转曲的态势及柔和的线条，清新的神韵。或含而不露，虚实相济；或云雾缭绕，若阴若晴，给人以一种含蓄美。这类山水使人们浮想联翩，充满生机和活力，富有浓厚的诗情画意。人文内容是看不见摸不着的，在景观世界中，悠久的历史和巨大的理性深度完全融化在诉诸审美感官的色彩、线条、形体之中。

2.崇高的激情

崇高主要体现在实践主体的巨大力量，在这个阶段，更多的阶层表明了主体和客体之间的冲突和对立状态，并且在这个冲突中，显示了客体和主体统一的历史必然性。

崇高主要是凸显社会领域中人的一往无前的英雄气概，集中体现的是人们所从事的严峻的社会斗争的过程，代表着与历史进步和人民休戚相关的利益，以其气势和力量处于主导地位，形式上的和谐美就变得不那么重要了。也就是说，崇高以内容超出和压倒形式为特征。比如张家界国家森林公园，以坚硬挺拔的石英砂岩而富有阳刚之气，这样的景致，显然是以变化万千、气贯长虹的崇高人格力量，深深地吸引游人的观赏目光的。

在自然界中，起伏不断的山脉往往具有崇高的美感。如地球之巅的珠穆朗玛峰，横空出世的昆仑山，巍然屹立的太行山等。高度对审美主体而言，是一种超越与压迫。高山的巨大形象，很难把握人的感性，反之则给人创造了一种恐惧和渺小感受，攀登高山，就是在体验山的雄伟中，获得精神享受。山是需要攀登的，登高远眺，以便人们可以从有限的视觉空间上升到无限的视觉空间，让人由心底产生愉快感，征服高山，将恐惧转化为愉悦与快乐，给人以美的享受。

自然的音乐美感就是水波拍击岸边，流水与山川、河岸、塘堤产生摩擦，它们都会发出各种声音，有些是美丽的，有些是令人愉悦的，增添了自然的节奏，展现出自然美。例如，钱塘秋潮、壶口瀑布之类，以其数量的巨大和力量的强悍，显示出人的感官难以掌握的无限浩渺的特性，因此引起人们的惊叹和敬畏。

3.张弛有致的心理体验

有关审美对象与人格升华的研究告诉人们，在一段时间内，所有人类活动都被某些情绪色彩感染，称为心理状态。心理学家把心理状态看作是心理过程向个性特征转化的"中间过程物"。

简而言之，状态是过程向特征转化的中介。人们为美的景象所感染而产生的美感，作为心理状态有两种不同的表现形式：心境和激情。作为"心境"的心理状态相对温和，强度较低，但比较持久，常常萦绕在胸，挥之不去。温和而持久的心境能为人格升华提供生生不息的精神能源。与之相反，激情是短时间、暴风骤雨般地进行的、非常紧张的情绪反应。激情以很强的表现力为特征，它能在瞬间震撼一个人的心灵，使之表现出非同一般的心理体验。

就人的个性升华的影响方式而言，心境能产生"活水源头随时满，东风花柳逐时新"式的渐变，激情则能引发"忽如一夜春风来，千树万树梨花开"式的骤变。如果把稍纵即逝却相当强烈的激情与持续不断却比较微弱的心境交替地衔接起来，就可以构成促使人格升华的张弛有致的最佳心理状态。如何使得乡村旅游景观设计及导游系统设计，符合上述中国传统文化理想的心理状态构成，是一个值得探索的课题。

4. 优美和崇高促进人格升华

优美，指通过矛盾的对立，着眼于实践中客体与主体的统一、平衡、和谐的状态。如诗歌名句"杨柳岸，晓风残月""暗香浮动月黄昏"所描绘的景象，以及浙江西塘、湖南凤凰等，都具有典型的优美形态。因此，其所诱发的情感反应一般比较轻松和娴静，有助于培养温柔敦厚的性格，有助于渲染平静和谐的环境氛围。

优美擅长陶冶健康高尚的情操，崇高则在锤炼百折不挠的意志、树立坚定不移的信念等方面有着特殊的作用。在培养自制力、坚定性乃至勇猛顽强、敢于冒尖、锐意进取品格方面，崇高的作用显然大于优美。

崇高的美：一方面，渗透着审美者对冲突、对立等不平衡状态的恐惧和敬畏（觉得自我渺小）；另一方面，使审美者迸发出不可遏止的掌握自然、克敌制胜的勇气，显示了人的本质力量的崛起（觉得自我高大），从而产生一种自我肯定的喜悦和愉快。

近年开始引起人们关注的乡村探险旅游，以及诸如攀岩之类的挑战极限的旅游项目，正是崇高之美对大自然中的人发出的力量挑战。

（三）"天人合一"的人生追求

"天人合一"的观念，说到底，所揭示的是人和自然的关系。"天者，道也"，即"道法自然"。它的理念所投射的是大自然之母与其所养育的人类相融合、相协调的社会生态意识。因此，中国传统文化中的诸多体现"天人合一"理念的思想，与现代社会生态学交融在一起，构成了乡村旅游发展的重要基础。

1. "天人合一"与现代乡村旅游

优美的乡村旅游地所展现的现实社会生活中人与自然生态和谐美的韵律，以田园牧歌式的情调显现中华民族传统观念对"天人协调""天人合一"的追求。对于乡村田园人与自然和谐家园形象的观赏和体验，不仅给人们以美的陶冶，它还使人认识到在现代社会，人与人之间的和谐、人与自然之间的和谐仍然重要，能够加深人们对可持续发展战略的认识。

人与自然的关系是一个长期存在的命题。可以将整个世界的历史分为三个阶段：农耕文明、工业文明和后工业（信息时代）文明。农耕文明时期人类在无意识状态下与外界和谐相处；工业文明时期人类在自然中占主导地位并在很大程度上征服了自然。人类虽然创造了物质文明的奇迹，但却污染了自然环境，使地球的生态失衡；后工业文明时期人类回归到人与自然的和谐。

在当今世界，人们开始怀疑按照工业文明克服自然的观念是否正确，人类没有超自然的力量，梦想用征服大自然的勇气来改变自然，最终人类将会受到自然法则的严厉报复。目前，人类形成的共识是把最先进的科学技术和田园诗般的绿色生态环境结合在一起。

乡村旅游表现出回归自然和回归传统的大趋势。灵山秀水、花香鸟语、美不胜收的田园风光，诱使旅游者进入"相看两不厌"的赏玩境界。参与旅游是与山、河、石、洞的交流，是与植物世界的对话，是与动物世界融为一体。生活在和平世界的人们，回归自然和传统的心态，将有助于游客克服支配自然的工业文化的片面性，有助于提高游客的生态意识。在美景中，人类对自然的热爱已成为自然的有机组成部分。

在建设社会主义精神文明与物质文明的过程中，应当避免破坏自然生态、毁坏环境及其美感的现象出现，无论是在乡村还是在城市都应该为当代及后代更好地保护生态环境，营造适应现代生活、充满情感、与自然生态相和谐的家园。

当代城市化和现代化的发展，必然会对乡村田园产生巨大的影响。在乡村建设与发展中，如何在发展乡村经济、兴办乡镇企业的同时，坚持可持续发展的战略原则，注重保持乡村田园旅游景观的上述特性和所具有的文化意义，特别是保持乡村田园人与自然环境和谐发展至关重要。

2.乡村旅游中实现人生超越

回归自然、回归传统的乡村旅游，顺应了人与自然和谐统一的趋势，因而具有无限的审美魅力。在欣赏乡村景观时，以美感相随，自始至终与具体生动的感性形象联系在一起，外在形象的直观性和内在心理的愉悦性相融合，使得旅游过程具有多重的人生超越。

（1）复归人类自然本性

人类起源于自然，并且至今仍是自然的一部分，文明的人类无意识地去寻找自然的"根"。当然，城市化进程已经使更多的人消除了贫困，同时开始有越来越多的人与自然生活空间不再有联系。

处于这个自然世界中的人们,整个身体都传达着亲近自然、回归自然的信息。从这个层面,可以理解为什么人们选择乡村旅游作为恢复能量、重振斗志的一个途径。

(2)凸现人类个性特征

世界上没有两个气质性格完全一样的人。艺术理论告诉人们,人格是艺术的生命,同样也是创造的禁忌。人生艺术化,也意味着人生存在状态的不可重复性。尤其在当代,风格鲜明的个性总是美好的、引人注目的。

广义乡村旅游中的自然美源于地球散发着的朴实气息,作为一种现实的激励,游客很容易打开社会面具,从而使人陶醉于"情景交融,物我两忘"的审美境界。其间所"忘"的,准确地说是暂时的抛却。于是,就在忘乎所以中找回真实的自我。

事实上,从旅游美学的角度来看,不讨论纯粹自然促进真正的自我这一事实,游客之间心灵的开放程度都很大,李白的诗:"酒逢知己千杯少。"如果你反过来理解它,酒暖人心,"千杯"之下出"知己"。把盏畅饮,对酌者即使是陌路相逢,也极易成为知己。

(3)升华人格力量

内在精神文明的建构可以通过三个渠道进行:知、情、意。人们的审美活动,包括乡村旅行时对乡村的热爱,用"随风潜入夜,润物细无声"潜移默化的方式,引导美学,冷静思想,创造自我修养的效果。景观流动的美丽不仅改变了现有的美学心理模式,而且还可以被视为一种现实的超凡诗意的"预展"。它可以成为一种新的人格因素,并在美学心理学中得到固定,成为一个优秀人格精神体系的重要组成部分。类似审美情感的体验,心理过程所指向的,将是完美的个性境界。

(4)回归人类精神家园

这种"精神"的基本含义不仅指能量充沛、士气高涨,而且还指人类的精神文化。只有回归自然才是幸福的源泉。中国古代老庄的自然哲学和美学也倡导人与自然的交流,并将自己置身自然之中,以了解天地之间的无限自由。

很明显,回归自然不仅仅是复制农业的原始生活方式,而是表明人类处于当代文化最令人印象深刻的高度,回归历史,展望未来,享受快乐。人类正在寻求"桃花源"般的人生乐土,缭绕着田园清音的精神家园。

（四）"生熟相济"的注意取向

旅游者对景观对象的选择、基本取向是既熟悉又陌生。熟悉，是因为外在自然物象和人文事物与旅游者的人生经验有关，因此才显得非常亲切；陌生，是因为特定物象和事物超出旅游者的经验范围，因此才感到出乎意料。

从心理学的角度上看，前者是证同效应，在感知和体验的过程中，通过将自身经验和外在景物形象地比较，证实其真实性；后者将诱发求异效应，两相比较，一时难以通过经验认同外部形象，于是感到新奇，因感到新奇而产生进一步注意的兴趣。

1.似曾相识的兴趣

相比较而言，证同心理尤其值得关注。所谓证同心理，产生于主客体的一致性。当外部世界的客观属性与主体的意向、情感反应趋向之间具有某种程度的一致性（共同性）时，就会诱发主体的注意，产生共鸣，进而留下难忘的印象。

人们往往对自己所熟悉的对象产生兴趣，集中注意。一点儿也不熟悉，势必兴趣索然，降低注意效率。例如，乡村的古镇聚落、传统民居、乡村习俗等传统文化景观，与现代城市建筑、居家、生活习惯等城市文明有着千丝万缕的联系。有的城市居民就是来自乡村，对各种乡村传统文化有一种挥之不去的亲切感，还有的现代城市人受到各种传统文化思潮的影响，对乡村传统文化也有所认识。这样的"似曾相识"自然会引起人们的兴趣。

2.人生面不熟的好奇

人们往往有一种好奇心理。"无巧不成书""人要直，戏要曲"，这些谚语既是对人们经验的总结，也是对人们好奇心理的表露。

对于时尚型的文化产品，包括某些旅游景点产品，如要适应人们的探奇览胜需求，必须在形式上进行创新，给人以耳目一新的感觉，不然消费者市场就会不买账。流行要靠形式奇特打天下，时尚总是离不开外表的标新立异。

乡村旅游产品单极化地走时尚的路线，也能赢得市场，但是赢得游客注意的成本将会比较高。更为关键的是，这种旅游产品的生命周期会比较短。所以作为旅游经营者，要想出奇制胜地引起市场关注，不仅需要创新形式，更关键的是要创新内容。

3.熟悉感与陌生感

熟悉感与陌生感是一对心理矛盾。正是这对心理矛盾的相互制约，才引起人们的兴趣。以审美过程为例，通常人们被"熟悉的陌生人"所诱发的，是一种古人所说的"生熟相济"的心理。"似曾相识"和"人生面不熟"，两种感受有机地交织在一起，由此可激发和保持审美兴趣的心理动力。

因熟悉而证同,因陌生而求异,这是人们注意心理的两个互为依存的侧面。人们的出游动机被激发的原因,也正在于外部世界吸引物的"似曾相识"或"人生面不熟"。

第三节 民俗文化、非物质文化遗产与乡村旅游

一、民俗文化与乡村旅游

(一)乡村民俗旅游概述

1.民俗旅游的定义

国内学者对民俗旅游的定义虽然表述各异,但其本质实际上是一致的。民俗旅游是一种以体验异域风俗为主要动机的旅游活动。民俗旅游是指旅游者为异域的独具个性的民俗文化所吸引,以一定旅游设施为条件,离开自己的惯常居住地,前往旅游目的地。民俗文化消费是一个动态过程的复合体,是由人类文明进步所逐渐产生形成的一种具有文化性的生活方式。民俗文化通常是这个地区历史文化的精华,其中包含着独特的社会历史内容。因此,民俗文化具有独特性和不可替代性,民俗旅游属于高水平的文化之旅。目前我国的民俗旅游主要包括生活文化、婚姻家庭和人生礼仪文化、节日文化、信仰文化等文化表现形式。

2.乡村民俗旅游的定义

乡村民俗旅游是围绕体验乡村风俗这个既定主题而进行的旅游活动。乡村民俗旅游至少包含两个要素:一是旅游活动的空间必须是在乡村地域,二是旅游活动的主要吸引物是乡村民俗文化。从产品角度可分为观光型、参与型、休闲型三大类。

3.乡村民俗旅游的概念辨析

乡村民俗旅游要突出文化,正是因为突出文化,乡村民俗旅游才同其他形式的旅游有所区别。

（1）与乡村旅游的区别

乡村旅游经营者通过对乡村地区的农业景观、农业经营、民俗风情、农业文化、农家生活等众多旅游资源，进行合理规划设计及开发利用，为来乡村旅游的游客提供观光和进行休闲活动的旅游场所，同时将旅游业发展成具有浓郁乡村特色的特色旅游。乡村旅游是能给村民带来经济效益的旅游活动。乡村旅游的主要类型包括乡村农业观光游、乡村民俗文化游、乡村休闲度假游、乡村自然生态游，这些特色旅游带有明显的乡村特点和地域特征。乡村民俗旅游属于乡村旅游，但是更侧重于对乡村民间风俗、文化的利用和消费。

（2）与民族旅游的区别

严格地说，民族旅游也是民俗旅游，不同的民族有不同的民俗；但是民俗旅游的范围更广，生活在不同地域的同一个民族可能有不同的民俗。

（二）乡村民俗文化的主要内容

1.物质民俗

（1）服饰民俗

所谓服饰民俗，即在衣服、鞋帽、佩饰等方面形成的习俗。它着眼于各民族差异化的服饰审美，与此同时，能够在一定程度上反映各民族的经济文化发展的现状。

各民族服装的演变深受外部条件的影响，如自然环境、生活水平和民族融合等。通常来讲，大部分北方的少数民族人民都比较爱穿长袍，对于南方的少数民族人民来说，有穿长裙裤的也有穿短裙裤的，相较于北方来说，南方的服饰更具多样性。

与少数民族的服饰相比，汉族服饰的颜色较单调，但也很有吸引力。例如，孙中山设计的"中山装"；陕北独特的头饰白羊肚毛巾，与之相配套的是黑裤子、黑棉鞋和羊皮大衣，是黄土高原上淳朴农民所特有的服饰。

少数民族的服饰存在一定的独特性。例如，传统的侗族服装是由自纺自染的侗布制作而成的，经过一系列复杂的工序制成的侗布，呈现出各种各样的颜色，包括深蓝、青、紫等，散发着异常的光亮。这在少数民族中是独树一帜的。侗族的女性服饰，通常包括衣、裙、裤、鞋、头巾、发饰和首饰，每件服饰都具有统一、柔和的色调，与此同时，还具有十分鲜明的民族风格。

（2）饮食民俗

饮食不仅与人类的生活息息相关，同时也关系到不同民族的风俗习惯。中国的主食主要有面食和米饭两种,在南方,米饭是主要的食物;在北方,面食是主要的食物。中国的汉族饮食中共有八大菜系,并且各具特色,从而形成了"南甜北咸东辣西酸"的地域特色。

比如说,侗族最具有文化特色的饮食民俗就是糯米文化和合拢宴会。对于糯米方面的饮食来说,几乎每个家庭都离不开酒,都备有糯米酒和糯米甜酒;除此之外,对于侗族来说,每个家庭都离不开酸,常见的食物有酸菜和酸汤鱼;还有一些具有侗族风味的食物如侗粑、黑糯米饭、糯米饭和三色糯米饭等。

合拢宴是侗族家庭宴请贵客,借以展示侗族文化的一种宴会,同时可以全方位地展示侗族人的饮食文化,完美地将侗族的食物和舞蹈进行了有机的结合,与此同时,还具有十分庞大的规模,目前已经发展成为一项民族宴会,彰显了侗族的文化特色。

饮食习俗,不仅包括居家饮食习俗,而且还包括节日饮食习俗和嗜食与禁忌。

(3)居住民俗

不同的居住地气候条件、住宅区的建筑材料和经济活动方式不同,使得各民族的居住民俗和居住形式,特别是居住形式存在巨大差异。这是一种罕见的民俗景观。

通常来讲,我国各民族的居住建筑分为三种形式:上栋下宇型、帐篷型、干栏型。目前上栋下宇型是各民族比较流行的一种居住形式。

(4)生产民俗

由于各民族生产水平不同,因此反映在生产民俗上也是形形色色。生产民俗大致可以分为三种:狩猎生产、农耕生产、手工业生产。可以说,乡村农耕文化是最具地域特色的乡村生产民俗。

2.社会民俗

(1)岁时节令

对于一年中的社会民俗节日来说,内容和形式可谓丰富多样,与此同时,还具有各民族的特色。根据活动的性质,可以将中国各个民族和地区的传统民间节日分成以下五个类型。第一是宗教节日,其中涉及原始宗教和现代宗教;第二是社交节日,比如说三月三日举行的蒙古那达慕大会等节日活动;第三是基于农业的行业生产节日;第四是纪念节日,比如纪念当地的历史人物、伟大的英雄等;第五是综合节日,比如春节、端午节、泼水节等。

对于侗族来说,其节庆活动丰富多样,全国闻名。侗族人民不但会庆祝本族特有的特殊节日,而且还会庆祝中国的传统节日,比如春节、中秋节和端午节等。人们在侗族民族节日的盛大聚会上欢歌笑语、饮酒待客，并且身着节日盛装，充分展示了侗族独特的民族风情。

（2）生活礼仪

生活礼仪是一种相对稳定的风俗习惯，包括生活方式、婚姻、葬礼和禁忌等内容。可以说，这是民俗中一个非常有特色的部分。其中，最具民族特色的要数待客和婚俗了，其参与和欣赏的价值很高。

比如说，侗族有一种独特的婚恋观，他们主张青年男女自由恋爱，在赶坪赶坳时，青年男女对唱山歌，在行歌坐月时，青年男女对唱情歌，以传递相互之间的爱恋。那些既可以唱歌又可以跳舞的人，往往更容易受到异性朋友的喜爱，他们被认为是聪明且能干的。

（3）竞技游艺

竞技游艺指的是民间流行的游戏、娱乐、竞赛、体育、工艺等方面代代相传的活动。这些习俗尤为突出地表现在民间的节日、庙会、集市上。比如说，舞龙、舞狮、看花灯、跑旱船、放鞭炮、燃烟花、放风筝、唱山歌、扭秧歌、踩高跷、打腰鼓、赛龙舟、舞刀剑、耍武术等活动。

（三）乡村民俗文化旅游资源的保护

1.保护民俗文化的精华

旅游可以说是一种高尚、优雅的文化娱乐活动。为了能够观赏和考察当地的民俗精华，旅游者长途跋涉到目的地。由此可见，旅游目的地提供给旅游者的民俗景观应该是本地区最优秀的民俗景观。

2.利用经济杠杆保护民俗文化环境

市场经济条件下，在保护民俗文化环境方面，政府和有关部门不是通过行政手段，而是通过各种经济手段来控制人们对民俗文化环境资源的利用。对于民俗旅游经济活动和环境保护之间矛盾的形成，有两个方面的原因，其中包括认知原因和经济原因。为了谋求自身的经济利益，一些单位和个人不惜破坏民俗文化环境的完整性。

在民俗文化环境的保护上，相比于其他手段，经济杠杆的手段被认为是最有效的一种方式。如今，政府有必要为保护民俗文化环境提供相应的补贴、保险费和报酬，政府必须制定快速使用民族文化资源的税收制度，与此同时，还要建立民俗文化环境的保护基金。对于那些恶意破坏民俗文化环境的行为和个人，必须处以高额罚款。

3. 树立责任感，保护民俗旅游资源

导致旅游景点民俗文化灭绝和变迁的原因有很多，通常来讲，主要是由于开发商的不当行为和外来文化的冲击，然而最主要的还是缺乏对民俗文化旅游资源价值的了解。鉴于此，要对旅游景点的居民进行广泛的宣传。

除此之外，受外来文化的影响，民俗文化间的碰撞与交流是不可避免的，与此同时，这一过程也可以说是相互学习和借鉴的过程。

应该秉持的正确态度是通过维护自己的民俗文化来吸收外来的优秀文化，不断发展自己的民俗文化。通过一系列宣传使人们认识到，任何一个国家、民族和地区，在他们自身发展的过程中，除了不能创造历史遗迹和传统民俗之外，能够创造其余的任何东西，如果传统民俗和历史遗迹被污染和破坏，那么将很难对其进行恢复。因此，必须珍视民俗文化，妥善保护民俗文化，自觉参与到民俗文化保护的行列中来。

4. 群众性保护为主，专业部门保护为辅

民俗作为一种群体文化，人是其主要的载体。由于人的行为和活动的表现不同，才创造出多样性的民族文化。如果说没有群众，那么就不会存在民俗文化。由此可见，民俗旅游资源的保护不单单是专家、学者或旅游工作者的责任，而是整个国家和整个社会的共同责任。

尽管时代风云变幻，民俗文化仍在现代生活中起到相当大的作用。当然，也有许多民俗文化正在丧失或者即将丧失其在现实社会中的功能。但是，通过发展民俗旅游，能够满足人们对民俗文化的认识，从而使人民群众理解对民俗文化和民俗旅游资源保护的紧迫性、必要性，这样人民群众就会把保护民俗旅游资源变为普通的自觉行为，从我做起。

（四）乡村民俗文化在旅游中的作用

1. 参与娱乐的吸引力

各民族各地区别具风格的民间传统活动，像朵朵奇葩，绚丽多彩，其内容包罗万象，尤其是一些重大节日，几乎是民间经济活动、宗教信仰、文化娱乐、社会交往和民族心理等多方面的民俗事象的集中反映，具有全信息性质，是综合性的文化现象。参与民间传统活动可以说是传统民俗观光旅游的最佳方式，能够使人产生一种新奇、快乐的感觉，跟随当地人的风俗习惯，游客把自己融入民间习俗之中。所以，在一些传统节日或传统体育活动中，各民族都会准备丰富多彩的娱乐项目，从而满足人们的好奇心理。

2.观光旅游的吸引力

乡村民俗文化能够反映和发扬中国旅游文化，能够弘扬中华民族的优秀文化。与此同时，民俗文化旅游对人与人之间的文化交流和相互理解具有一定的促进作用。

通常而言，乡村民俗文化旅游的吸引力来自旅游者所属民族文化的差异性。这种差异是一个民族、一个地区区别于其他民族和地区文化的组成部分。用这种其他地方绝无仅有的民俗文化资源发展旅游，可使旅游者领略丰富多彩的民族乡村文化活动和民俗风情，加深他们对各民族、各地区的历史、现状和民俗的了解。

3.打造旅游品牌的基础

任何一种富有吸引力的旅游产品，必须是特色的产品，世界各地山水风光大同小异，民俗风情却截然不同，具有浓郁的本地特色。我国的乡村文化丰富，其民俗文化不仅给旅游者以新鲜独特感，而且许多地方都以特色民俗文化为依托，创造出世界著名的旅游品牌。

二、非物质文化遗产与乡村旅游

（一）乡村旅游中非物质文化遗产的利用方式

1.旅游节方式

非物质文化遗产与物质文化遗产的最大区别是非物质文化遗产具有无形性，要使乡村旅游充分利用这种无形的文化，就要有一款合适的介质。比如，非物质文化遗产中的民俗就需要凭借乡村旅游中的旅游节来展现其文化形式，通过丰富多彩的文艺活动来传播民间文学。除此之外，展示时间相对固定、名气不高的非物质文化遗产，也需要通过开展旅游节活动进行展示，使更多的旅游者都能了解这一非物质文化遗产项目。在旅游旺季，将当地乡村旅游资源和非物质文化遗产相结合。举办盛大的乡村旅游节，使游客在游玩过程中有机会参与旅游节，感受当地的非物质文化遗产。通过旅游节活动追溯当地的历史，使游客在乡村旅游过程中体验各地的民俗。

2.旅游商品方式

以传统美术、传统医药和传统技艺为代表的非物质文化遗产，因为它们的技艺本身不能引起游客的足够兴趣，并不能吸引游客的到来。针对这种类型的非物质文化遗产项目，可以利用生产与非物质文化遗产有关的产品来促进乡村旅游的发展。旅游商品化方式，指的是把非物质文化遗产项目中的有关艺术形式经过大规模集中工厂化生产、加工出来的商品作为具有当地文化特色的旅游纪念品。在游客集中的地方进行销售，不仅能够通过售卖旅游商品来增加当地乡村居民的收入，并且可以实现在乡村旅游中继承发展非物质文化遗产的目的。

3.展示与体验方式

非物质文化遗产的展示与体验方式指的是将其进行展示，针对有条件实施体验的非物质文化遗产项目，适当让游客在现场进行文化体验，最终使游客参与到非物质文化遗产的传承中来，利用非物质文化遗产来为当地旅游业吸引外地游客。对吸引力强、知名度高、级别高并且展示时间非固定的非物质文化遗产项目，可以建造以非物质文化遗产为主题的博物馆，在博物馆中展示和非物质文化遗产有关的物质载体，并在博物馆内进行定期的非物质文化遗产现场展示。在乡村旅游中适合通过体验来传承的非物质文化遗产主要包括戏剧、音乐、舞蹈和杂技等，这些项目都具有容易体验的特性，游客可以亲自体验这些项目，从而促进文化的传承。

（二）非物质文化遗产旅游规划原则

1.文化原则

规划和合理开发非物质文化遗产时必须遵循的文化原则：①非物质文化遗产开发经营者必须对开发的每项非物质文化遗产的历史背景以及其精神含义具有充分认知。同时非物质文化遗产开发经营者也要将旅游与非物质文化遗产协调统一起来，以此来实现两者互利共赢的目标。②为了深入拓展非物质文化遗产旅游的文化内涵，非物质文化遗产的开发者要从科学的角度去充分挖掘每项非物质文化遗产自身的特点。③在开发非物质文化遗产游项目时，开发者应该营造属于当地特色的文化氛围，给游客身临其境般的体验。④在进行非物质文化遗产的开发时，不仅要通过外部环境来表现非物质文化遗产的特点，同时也要将非物质文化遗产的内涵表达出来，以此来达到神形合一的境界。⑤在开发非物质文化遗产时要重视接受文化、艺术等学者的指导和建议。

2.保护第一，持续发展原则

目前，我国开展非物质文化遗产保护工作的中心是：将保护非物质文化遗产作为工作的主要目标，同时对将要消失的非物质文化遗产开展及时的救援工作。不仅要对非物质文化遗产进行合理的开发利用，还要不断将其传承与发展。对非物质文化遗产的保护是围绕其可持续发展而进行的，目的是更好地进行非物质文化遗产旅游开发。

3.突出民族性和地方差异性

非物质文化遗产与其所存在的遗产地是有着密不可分的联系的。是否能成功进行旅游开发，取决于非物质文化遗产是否具有独特的地域性和特色形式。研究表明，遗产地的文化特色与旅游者所处的环境地的差异性越明显，就越能吸引旅游者到遗产地旅游，遗产地进行旅游开发的价值就越大。游客去某个地方旅游，通常最关注的是遗产地的独有的民族特色。在对非物质文化遗产地进行旅游开发时，开发经营者应着重开发特色性较强的非物质文化遗产。突出遗产地的民族性和地方差异性。结合非物质文化遗产的特征与内容，应该把创意设计和非物质文化遗产的有效使用跟乡村旅游实际融合，做到文化与旅游的互动，这样有助于打造地域文化品牌。发展和传扬优秀传统文化，实现文物保护和旅游开发的共赢的目标。

4.经济效益、社会效益、文化效益相结合原则

从某种程度上来说，发展文化旅游时注重非物质文化遗产开发所带来的社会效益比注重旅游开发带来的经济效益和文化效益更为重要。这是在宏观大局上的一种强大影响，应在社会中进行积极宣传，使更多的人一起来保护非物质文化遗产。对文化遗产的保护能够增强居民的社会责任感和民族自豪感，还有助于社会的平稳健康发展。但是，同样也不能忽视经济效益在非物质文化遗产旅游开发中的重要作用，产生了好的经济效益，非物质文化遗产旅游才能够不断深入地开发并持续下去，才能进一步凸显非物质文化遗产旅游开发的真正作用。政府需要严厉打击所有损害非物质文化遗产的活动和不良行为，将社会效益、经济效益和文化效益统一起来，以此来推动非物质文化遗产不断向前发展。

第四节 乡村饮食文化、农耕文化与乡村旅游

一、乡村饮食文化与乡村旅游

（一）乡村饮食文化的特点

乡村饮食是地方菜系形成与发展的源泉与支撑，它是在一定区域内，主要利用本地

的食物原料生产制作的具有显著乡野特色的百姓饮食。所谓乡村饮食文化，就是乡村在饮食生产与生活的过程中所创造的各种饮食现象、物质、意识、行为等的总和，它植根于各地区、各民族的乡野民间，具有鲜明的乡土和地域特色。中国乡村饮食文化具有以下基本特点。

1. 自然朴实，清新怡然

乡村饮食天然具有的朴实清新的乡土气息，是都市菜品所不可比拟的。乡村饮食之所以具有质朴自然、原汁原味的特点，主要在于其烹饪原料是就地取材，新鲜自然。无论是新收获的稻米、红薯、花生、萝卜、芋头等普通食品，还是比较难得的野菜、野味，都浑然天成，朴实无华，却又弥足珍贵。乡村饮食多选用新鲜脆嫩的食材，采用比较简单的烹饪方法，在制作过程中尽可能保留乡野食物的原始风味，往往能给游客带来独特的饮食体验。例如，金陵名菜芦蒿炒香干，就是在芦蒿、香干两种基本食材的基础上进行素炒，除油、盐之外几乎不加别的佐料，最大限度地保存了芦蒿和香干的清香；颇具盛名的南京水八鲜旱八鲜也仅采用了凉拌、清蒸等最简单的烹调技艺，保留了其鲜脆爽口的本真味道，受到了许多食客的推崇。一些乡村旅游地也常常因为其极具乡土气息的特色菜而具有较高的旅游吸引力，如苏州吴中区光福镇的窑上村，就是因为其农家土灶头上烧出的白米饭和一桌由红烧肉、草鸡汤、清蒸咸肉、咸菜炒小竹笋、太湖螺蛳、马兰头等太湖乡村传统菜肴迷住了一个来自西班牙的旅游团队而声名鹊起；杭州西湖风景区周围的农家茶楼，采用本地出产的龙井茶叶、西湖荷叶、粽叶、野笋干、毛笋、鞭笋、冬笋、春笋、钱江鳞鱼、野生河鳗、汪刺鱼、溪沟小鱼、西湖河蟹、野生河虾、野生鱼等入菜，形成了特色浓郁、农家风味十足的龙井茶乡乡村菜，极大增强了西湖对外地游客的吸引力。

在品味乡村饮食时，常常能够使人不由自主产生怡然自得的陶醉感。对于终日劳作进行饮食生产的农民而言，在享用自己用辛勤劳动收获的食物时，那种怡然自得的满足感、成就感是现代都市人很难体会的。

2. 地域特色鲜明，民族饮食类型丰富

中国幅员辽阔，物产丰富，民族众多，乡村饮食的地域性非常突出。"一方水土养一方人""靠山吃山，靠水吃水"等俗语就是对乡村饮食文化特色的真实写照。中国各地的乡村食品千差万别，无论是食品原料的特性、烹饪的方法、还是菜品的风味，均呈现出鲜明的地域特色。例如，安徽宣城市泾县茂林古镇独具特色的 12 碗，所需要的一应荤素原料均是茂林地面土生家养的，烹制时要掌握火候尽量使老少皆宜，食用时菜要大碗满装，尽量丰厚，让宾客吃饱喝足，并且宾客爱吃的菜皆有备份可添加，形成了极具地域特色和乡土风味的茂林土菜和茂林家宴菜；四川乡村菜取材广泛，调味多变，菜式多样，口味清鲜，醇浓并重，以善用麻辣著称，更是以其别具一格的烹调方法和浓郁的地方风味而享誉中外；因毛主席而名扬海内外的韶山毛家菜，有剁椒鱼头、豆辣紫苏火焙鱼、毛氏红烧肉等各种口味的特色菜，菜肴以鲜、香、辣为特点，深受海内外食客的欢迎；溧阳的天目湖砂锅鱼头从选材、做法、调料、烹饪器具等方面均充分体现了地方特色，鱼头选用天目湖水体中天然生养的大花鲢鱼头做原料（天目湖周围山体绿色植被过滤了湖水，湖底为沙质而非淤泥，这一独特的自然环境造就了在湖中生长的鱼类没有土腥味），从而形成了味道鲜美独特的天目湖砂锅鱼头，成为当地的乡村美食招牌，带来了巨大的旅游效应。

中国的民族众多，不同民族的饮食类型丰富多样。例如，蒙古族的炒米、朝鲜族的打糕、维吾尔族的抓饭、傣族的竹筒米饭、壮族的花糯米饭、布依族的二合饭等，都各具特色，极富民族风情。

3.简单实惠，绿色健康

乡村饮食制作简单，没有太多的讲究；食料是就地取材，成本不高，价格实惠。例如，河南农家素有熬大锅菜的习惯，河南平顶山市鲁山县的特色菜品——揽锅菜就是其典型代表。揽锅菜选料丰富，一般是主人想吃什么都可以往里放，通常有猪肉、粉条、时令蔬菜、油炸豆腐等；烹制揽锅菜用的猪肉均选用农家散养的猪，属于绿色生态型肉食；所选用的蔬菜也是时令新鲜蔬菜；制作方式简单，只需要在锅里加水，开火后放入准备好的肉、菜和调料，熬炖一段时间后关火即可。这样烹饪出来的揽锅菜，具有荤素搭配合理、营养成分丰富、色香味俱佳、分量大、价格不高的特点，非常简单实惠。

健康、绿色、保健、营养是当前人们对饮食的追求。绿色健康是乡村饮食的标签。乡村饮食的制作原料，本身就是天然的"绿色食品"。乡村散养、家养的禽畜一般只喂稻谷、杂粮、菜叶、青草等绿色饲料，种植蔬菜所使用的肥料以牛粪、猪粪、草木质等有机肥为主。这些食材，不仅可以用来制作美味可口、绿色健康的乡村菜，还可以作为绿色无公害的健康旅游特色商品提供给游客。

4.历史文化内涵深厚，"乡愁"情节浓郁

乡村饮食文化中，蕴含着大量的有关乡村饮食的历史渊源、逸闻趣事、神话传说、民风民情等历史文化信息，这也是今天很多人垂青乡村饮食文化的原因。从古至今，对乡野食品的思念与追求，是各个社会阶层人士的普遍喜好。唐代诗人孟浩然应邀到乡村聚会时有感而发写下了《过故人庄》"故人具鸡黍，邀我至田家。绿树村边合，青山郭外斜。开轩面场圃，把酒话桑麻"一诗，读后使人无不对乡村饮食心旷神怡。发掘和利用乡村饮食的历史文化内涵，对推动乡村饮食文化旅游发展是非常有成效的。

乡村饮食带给人们的，除了鲜美清新的味道之外，更蕴含了朴实的人情观念与浓郁的乡土气息，是一种乡情的寄托和人们回望家乡、感受"乡愁"的不二选择。中国现代著名作家、教育家叶圣陶在忆及故乡的莼菜时，满怀深情地写道"嫩绿的颜色与丰富的诗意，无味之味真是令人心醉"。乡村饮食不仅可以满足口腹之欲，而且还可以一解"乡愁"，感受、体验与回忆乡村生活。中央电视台播出的美食类纪录片《舌尖上的中国》所涉及的美食，无论其原料的选择，还是享用的人群，都和乡村及乡村饮食文化有着直接或间接的联系。里面虽鲜见"烹饪大师"和"美食专家"，但却有70多岁吉林"鱼把头"、卖黄馍馍的陕北老汉、陪外婆制作年糕的浙江慈城小姑娘等乡村饮食文化的传承人。继之的《舌尖上的中国2》除了呈现更多地域的乡村美食外，更是借助食物给观众传达了浓郁的"乡愁"，以至于其所涉及的每一道食物都能勾起观众浓浓的思乡之情。

（二）乡村饮食文化旅游

1.乡村饮食文化旅游与文化传承

饮食是旅游活动开展的基本要素之一。乡村饮食文化作为一种源自自然与民间、淳朴而又独特的文化资源，旅游资源特征非常显著，是极为重要的乡村旅游资源。它迎合了现代人崇尚自然、回归自然的饮食风尚，是吸引人们产生乡村旅游动机进而形成乡村旅游活动的重要吸引物，同时还可以延伸乡村旅游的产业链。

体验具有浓郁地方风味和乡土特色的饮食，是旅游者在乡村旅游活动中所追求的重要目的之一。例如，在四川成都洛带古镇，美味可口的客家小吃让游客流连忘返，且每一种小吃都融入其独特的客家文化内涵。客家伤心凉粉几乎成为到洛带游览的游客的必尝小吃。伤心凉粉已经成了几乎四川所有古镇都共享的一张文化品牌和当地文化旅游的一个代表性符号，到了古镇上的游客如果想体验传统的特色饮食，绝对不能错过伤心凉粉。伤心凉粉的名字很奇特，一则意味着这凉粉辣得人流泪；二则表示老板的生意好，就算顾客急得火急火燎，也还得耐心继续排队等候。凡是对洛带稍有了解的游人，都知道当地最出名和最正宗的是广东会馆里的那家伤心凉粉。在这里，伤心凉粉不仅成为使人想象起客家人几百年前的迁徙历史和进入四川后生活之艰辛的物质载体，具有了追忆和体验客家文化的体验功能；而且还转化成为一种乡村饮食文化品牌，以及获利颇丰的优质旅游餐饮产品。

在源远流长的中国饮食文化体系中，乡村饮食文化占据着重要地位。传承、弘扬乡村饮食文化，对促进中国乡村旅游的发展，有十分重要的意义。

2.乡村饮食文化旅游的主要业态

开展乡村饮食文化旅游能够打造地方品牌、提升乡村旅游目的地的吸引力，是乡村发展的重要驱动力量。在乡村旅游发展中实现乡村饮食文化的传承与创新，既是当今中国休闲农业与乡村旅游发展的重要内容，也是弘扬中华优秀传统文化、加强乡村文化建设的主要途径。

"吃农家饭，品农家菜，住农家屋，干农家活，娱农家乐，购农家物"是中国乡村旅游发展早期形态——"农家乐"的主要内容，这里面大多与乡村饮食文化有关。四川省郫都区友爱乡农科村、龙泉驿、三圣乡"五朵金花"等现代乡村菜就是在此时期诞生。"农家乐"餐饮的特色非常鲜明。例如，湖南益阳的"竹乡农家乐"，围绕"竹"字，吃的都是竹宴；内蒙古呼伦苏木的草原农家乐推出了奶茶、烤羊肉等特色草原食品；还有专门吃鱼的太湖渔家乐；专门享受乡村腊肉、泉水豆花、农舍土鸡、竹筒蒸饭、桂花醇酒的各式各样的特色农家乐。北京延庆区柳沟的"火盆锅、豆腐宴"，也因烹制方式和口味的特别以及淳朴风格的乡村宴会式服务而使柳沟民俗村声名远播。

在乡村旅游发展过程中，依靠富有特色的乡村菜带活一个景区、一个乡村甚至一个产业的案例举不胜举。以休闲农业和乡村旅游比较发达的江苏省为例，一道大鱼头火了一个景区，一只小龙虾拉动了一个产业。江苏像溧阳天目湖和盱眙这般，从乡村美食中获得巨大收益的地方数不胜数。近年来，乡村美食对游客的吸引力远超业者的想象，为品一道正宗的乡土菜而"千里迢迢"赶到乡村旅游点的游客不计其数。乡村特色饮食实际上已经超越了食物本身所有的属性，而成为当地带动乡村经济、促进乡村旅游发展的重要着力点。

中国近现代史上的各个革命时期，都有特定的红色饮食文化，如红军时期的南瓜汤、红米饭，抗战时期的小米饭等。一些"红色"乡村餐饮也借此得名。如在韶山，毛家红烧肉因为毛泽东的原因而得名，毛家菜也因毛泽东故乡而闻名，到韶山品尝毛家红烧肉是当地的经典旅游体验活动。位于太行山东麓的河北省邯郸市涉县，是一个有着光荣传统的革命老区、红色圣地，近年来乡村旅游业发展迅猛，国内外众多旅游者来此观光旅游、休闲度假。这和当地的"农家饭"小米干饭有着密切的关系。小米干饭，由当地的小米和南瓜煮制而成，经过现代的改良，更加的香甜可口。而由当地的柿子、红薯、豆面等混合制成的各类杂食，不仅黄、紫、白、黑、绿等颜色各异，形态也各异，让人食欲大增。当地的虹鳟鱼、柴鸡，也是大有名气，烹制手法多样。

二、农耕文化与乡村旅游

（一）农耕文化概述

作为乡村文化的主体组成部分，农耕文化是体现和反映传统农业的思想理念、生产技术、耕作制度及传统文化内涵的文化类型，是中华民族的先人在传统农业社会中形成的，凝聚着各族人民的智慧和历朝历代人们的生产与生活实践经验，体现了历史上中华儿女对农业生产规律、人地关系的认识利用水平。

传统农耕文化内容博大精深，在中国历史上影响极为深远。作为一个农业大国，源远流长的中国传统农耕文化是中国传统文化生产、发展的母体和基础。在中国的土地上已经发现了数量众多的原始农业的遗址，其中最早的至少有一万年的历史。考古发现，在距今五六千年前的黄河流域、长江流域等地区就有了代表着当时世界先进水平的农耕文化。之后在漫长的传统农业经济社会发展史上，勤劳勇敢的中国人创造了灿烂的农耕文化，形成了中国传统文化的基石，并在世界文化发展史上长时间领先。与此同时，农耕文化景观作为中华民族认识自然、改造自然、利用自然的见证，集中体现了中华民族对人与自然之间的关系、规律的认识与把握，成为中国历史文化传承的重要载体。

由于我国地域十分辽阔，地形地貌复杂多样，从南到北地跨热带、亚热带、暖温带、中温带、寒温带、高原气候区等多个温度带，各地的地理和气候环境差别极大，因此农耕文化具有强烈的地域多样性，平时说的"一方水土养一方人""五里不同风，十里不同俗"等都是农耕文化地域性特征的体现。再加上我国是一个多民族的国家，不同民族都创造了自己的农耕文化，所以中国农耕文化实质上也是不同地域、不同民族的农耕文化和民俗文化等多元融合的产物，具有鲜明的地域性、民族性与多元性。

中国传统农耕文化的内容极其丰富。产生于西周初年至春秋中叶的《诗经》，是中国历史上最早的一部诗歌总集，里面就有着丰富多彩的农耕文化的内容，其所表现出来的农耕祭祀、农耕生活、丰富的食物品种、农耕劳动的场景、众多的农耕生产者和生产工具、恋土怀乡意识等，都强烈地说明《诗经》体现了浓厚的农耕文化。中国传统农耕文化中的许多理念，在今天的中国仍极具现实意义。保护、传承和利用好传统的农耕文化、人文精神与和谐理念，不仅在维系生物多样性、改善和保护生态环境、保障食品安全、促进资源持续利用、传承民族文化、保护独特景观、推动乡村旅游方面具有重要价值，而且对保持和传承民族特色、地方特色、传统特色，丰富文化生活与促进社会和谐等方面也发挥着十分重要的基础作用。

作为中国传统文化的最主要组成部分，农耕文化从古至今都是中国传统文化的主体。我国历史悠久，农耕文化是一笔凝聚着几千年人类智慧的文化遗产，传统的农耕文明遗迹及生活形态仍大量地存在于现实社会中，这又是一笔能在第三次浪潮文明中重新放射璀璨光芒的宝贵财富。我国的旅游事业若没有如此丰富的田园味极浓的资源，就难以吸引国内外如此多的游客。面对乡村旅游的发展与不断升级，必须要充分利用传统农耕文化的资源优势，全方位整合包括农业生产、农村生活、乡村文化景观、传统村落与特色建筑、传统民俗与民居等在内的乡村文化资源，并使之成为乡村旅游发展的基本凭借，从而以乡村旅游发展为介入点促进乡村文化传承及其与现代文明的融合。

（二）中国重要农业文化遗产与乡村旅游

中国重要农业文化遗产是指人类在与其所处环境长期协同发展中，创造并传承至今的独特的农业生产系统，这些系统具有丰富的农业生物多样性、传统知识与技术体系和独特的生态与文化景观等，对我国农业文化传承、农业可持续发展、农业功能拓展具有重要的科学价值和实践意义。

21 世纪初，联合国粮农组织发起了对全球重要农业文化遗产（GIAHS）的保护，并迅速在世界范围内得到广泛的认可与支持。在中国，已经有十多个传统农业系统被列为全球重要农业文化遗产保护试点，位居各国之首。坐落于北京西北 150 km 的宣化古城，历来有"葡萄城"的美誉，有 1300 多年的葡萄栽培历史，是传统漏斗架势葡萄种植保留最完整的产区，也是牛奶葡萄的发源地，是目前世界上唯一的城市农业文化遗产。浙江青田县稻田养鱼历史至今已有 1200 多年的历史，2005 年 6 月青田"传统稻鱼共生农业系统"也被列为首批全球重要农业文化遗产试点之一。"传统稻鱼共生农业系统"重要农业文化遗产在青田县挂牌之后，迅速发挥了它的旅游效应，实现了农业发展、农民增收与文化传承的有机结合。

（三）农耕文化园

目前，我国已经建设了相当数量的农耕文化园（博物馆），如内蒙古鄂尔多斯、安徽石台县、湖南耒阳、湖南衡山、江苏苏州、江西南康、湖北襄阳、陕西杨陵、山西榆次后沟等地,均建有农耕文化博物馆或农耕文化园。

湖北省武汉市黄陂区武湖旁边的农耕年华园,占地面积 2 km²,距武汉市中心城区 15 km,交通便捷,四通八达。现为4A级景区,是国家级生态农业观光园,建有农业科普示范区、农具博览游乐区、农事农活体验区、百果观赏采摘区、藤园彩林浏览区、珍奇动物观赏区、运动健身活动区、登塔眺望烟瘴区、生态湿地浏览区、农家美食休闲区、木屋度假会务区、金牛广场服务区等 12 个功能区。园内的农业旅游资源十分丰富,平原、草原、丘陵、山坡、湿地、湖泊、溪流、池塘等农业景观错落有致,农耕作物品种众多,花草瓜果、珍稀植物、飞禽走兽的种类繁多,各种类型的建筑十分精巧,展现了源远流长的农耕文化和厚重的农政思想底蕴。

江苏溧阳的吴楚农耕文化园是"全国农业旅游示范点",坐落于溧阳市区和4A旅游景区南山竹海之间。整个景区是以吴楚农耕文化为背景,由农耕文化园、生态制陶园、采茶制茶园和农趣体验园四大主题园区组成。园内设置了农耕展示区、生活用具区、农民文化区、民俗乡情区、手工作坊区等展示区域,陈列有古代吴楚地区的上千件农家、农耕、农民用具,全方位展现了吴楚地区的传统农耕文化与农业生活习俗。

江苏张家港南丰镇永联村的江南农耕文化园,是精心打造的"水乡农耕情、休闲养心处"的江南农耕旅游胜地,被评为江苏省四星级乡村旅游区(江苏省乡村旅游最高星级),也是张家港唯一的一家四星级乡村旅游区。该园占地约有 0.33 km²,包括农耕历史区、土地整理区、江南养殖区、农家休闲区、乡村能源区、江南作坊区、农耕谚语区、农户设施区、生肖区等九个农耕文化功能区域,全面反映了江南水乡的农耕文化,是一座内容丰富的农耕文化主题长廊和功能齐全的休闲农庄。

(四)农业节庆文化旅游

近年来,农业节庆文化旅游遍地开花。采摘节、葡萄节、杏花节、桃花节、金花节、梨花节、杜鹃花节等在全国各地比比皆是。以江西省为例,全省依托当地农业产业,举办各种休闲农业农事节庆活动 50 多项。这些节庆活动既推动了优势产业发展,又促进了地方经济繁荣,同时也充分展现了江西休闲农业的品牌。赣南国际脐橙节、南丰蜜橘节、婺源油菜花节、广昌及石城白莲节、南昌樱花节、吉安横江葡萄节等节会,推出了摘蔬菜瓜果、尝农家美食、看民俗表演、品农耕文化、观节庆赛事等特色休闲农业系列活动,为游客提供了观光、体验、科教、娱乐、健身、养生等服务,大大丰富了城乡居民休闲娱乐和文化生活,进一步提升了江西休闲农业的吸引力和影响力。

深圳市民有一个传统习俗，就是每逢蝉鸣荔香的时候，都要和亲朋好友一起去荔枝公园品鲜，即摘即尝，往往是你争我夺，场面十分欢快。深圳荔枝节是国内举办时间最早的乡村节事文化旅游之一。1988年6月28日至7月8日，深圳市举办首届荔枝节，共22万国内外来宾应邀参加，贸易成交5亿多元。之后每年6月28日至7月8日的节日期间，深圳会有各种以荔枝为主题展开的经贸和文化联谊活动。现今的荔枝节，已经成为深圳市的市节，也是深圳旅游行业的重大节日之一。

第五节 红色文化与乡村旅游

一、红色文化概述

红色文化的传承与发展对中国当前和今后的发展至关重要。所谓红色文化，从广义上说，就是中国共产党领导人民在革命、建设、改革进程中创造的以中国化马克思主义为核心的先进文化。

红色文化是广大人民群众在中国共产党领导下，在实现中华民族的独立、自由与解放的历史进程中，在中国社会主义建设和改革开放时期，在整合、重组、吸收、优化古今中外的先进文化成果基础上，以马克思主义的科学理论为指导而生成的先进文化，是中国共产党领导全国各族人民浴血奋战、艰苦奋斗、开拓进取，积淀孕育下来的物质文化和精神财富的总和。红色文化是物质文化、制度文化和精神文化三者有机结合的统一体。物质文化主要包括革命、建设和改革开放时期的革命战争遗址、重大事件发生地、纪念地及其珍贵实物等；制度文化指中国共产党在革命、建设和改革开放时期所创建的理论、纲领、路线、方针、政策等；精神文化指中国共产党领导中国人民在革命、建设和改革开放时期形成的革命精神、文化传统和社会主义核心价值体系等。红色文化的核心内容是指文化的精神层面，主要包括：在革命战争时期形成的井冈山精神、长征精神、延安精神、太行精神、红岩精神、西柏坡精神等，在社会主义建设创业时期形成的雷锋精神、铁人精神、焦裕禄精神等，在改革开放时期形成的"九八"抗洪精神、抗震救灾精神、北京奥运精神、载人航天精神、抗击疫情精神等以改革创新为核心的时代精神。这些精神都是伟大民族精神在新的历史时期的锤炼和升华，是中华民族五千年文明的宝贵结晶，是党的光荣传统和优良作风的集中体现，是我们党和中华民族极其宝贵的精神财富。

乡村是中国红色文化产生和形成的主要区域，在长期的革命战争和社会主义建设时期留下了丰厚的乡村红色文化遗产。中国科学社会主义学会国家形象与地方形象创新传播中心、国家红色文化遗产深化保护与发展传承课题组按照《国家红色遗产评价体系》有关指标及流程，经过文献研究、口碑调查、媒体调研、专家评价，确定了益阳市清溪村、韶山市韶山村、山西省大寨村、安徽省小岗村等在内的首批10家中国乡村红色遗产名村。

二、红色旅游与红色文化的关系

红色旅游，主要是指以中国共产党领导人民在革命和战争时期建树丰功伟绩所形成的纪念地、标志物为载体，以其所承载的革命历史、革命事迹和革命精神为内涵，组织接待旅游者开展缅怀学习、参观游览的主题性旅游活动。

红色文化是红色旅游发展的灵魂和基础。红色旅游的最重要目的就是传承红色文化，弘扬红色精神。对于红色文化与红色旅游的关系，红色旅游作为红色文化的传承载体，寓教于乐，是一种手段和方法的创新，同时也更具有实效性。红色旅游以红色文化资源作为资源基础，红色旅游的载体是红色文化资源，红色文化资源是红色文化传承的实质性载体。

发展乡村红色文化旅游，能够增大乡村文化资源利用率，丰富乡村旅游产品的类型和内涵，提升政府对乡村旅游的重视程度，带动革命老区乡村旅游经济产业的发展，丰富乡村旅游业态，形成乡村旅游业发展的新的增长点。这在很多红色旅游目的地有着不少成功的案例。例如，山东沂蒙山区是我国的著名革命老区之一，与井冈山、延安并称中国革命战争时期最重要的三大老革命根据地，"沂蒙精神"也是中国伟大的民族精神之一。素有"智圣故里""红嫂家乡"美誉的沂南县，自2009年开始立足"红、绿、古、泉、俗"的资源优势，进行乡村旅游的"红色文化灌注"，成功创建了全国休闲农业与乡村旅游示范县，逐渐形成了旅游发展的"沂南模式"，形成了影视拍摄与红色旅游相得益彰、融于一体的格局。目前，这里已经成为红嫂乡村特色旅游示范区、红色影视文化"根据地"和山东经济文化建设示范点。

三、中国红色旅游的发展

21世纪以来,中国共产党和政府部门对红色旅游发展起到了巨大的推动作用。党和国家领导人多次到红色旅游景区(点)考察、调研,发出发展红色旅游的指示,制定推动红色旅游发展的方针政策与措施,大力支持发展红色旅游。发展红色旅游必须把突出思想内涵作为基本要求,成为锻炼党性,培养爱国情感、培育民族精神的重要场所。同时要实现社会效益和经济效益双丰收,旅游和文化有机融合,为优化经济结构、转变发展方式提供新途径;要以各具特色的爱国主义教育基地为依托,充分运用革命历史文化遗产和人文自然景观,促进红色旅游与民俗游、生态游、乡村游融合发展,打造一批知名红色旅游品牌,不断拓展红色旅游新的发展空间。推进红色旅游,是促进我国旅游业更大发展的积极举措,也是加强爱国主义教育、弘扬中华民族精神的有效途径。对于贯彻落实科学发展观、整合各方面资源帮助老区人民脱贫致富,对于进一步发挥旅游业的特殊功能和爱国主义教育基地作用,具有重要意义。要大力发展红色旅游,加强革命传统教育,大力弘扬以爱国主义为核心的民族精神和以改革创新为核心的时代精神,积极培育和践行社会主义核心价值观;中央政府要加大对中西部地区重点景区、乡村旅游、红色旅游、集中连片特困地区生态旅游等旅游基础设施和生态环境保护设施建设的支持力度。2016年年初,中共中央办公厅、国务院办公厅印发《关于加大脱贫攻坚力度支持革命老区开发建设的指导意见》(中办发〔2015〕64号),明确指出要"支持老区建设红色旅游经典景区,优先支持老区创建国家级旅游景区,旅游基础设施建设中央补助资金进一步向老区倾斜。加大跨区域旅游合作力度,重点打造国家级红色旅游经典景区和精品线路,加强旅游品牌推介,着力开发红色旅游产品,培育一批具有较高知名度的旅游节庆活动"。在党和政府的大力支持下,红色旅游的发展规模不断壮大。红色旅游已成为我国旅游业重要组成部分和生力军,取得了良好的政治效益、社会效益和经济效益。

参考文献

[1]王野.基于旅游人类学视角的乡村旅游文化建设研究[M].成都：四川大学出版社，2018.

[2]吴晓蓉.新农村建设背景下乡村文化体系构建与管理研究[M].北京：中国商务出版社，2018.

[3]孙惠芳.乡村文化建设经典案例[M].北京：中国农业出版社，2018.

[4]雷家军.乡村知识分子与乡村文化建设[M].北京：中国社会科学出版社，2018.

[5]王宝升.地域文化与乡村振兴设计[M].长沙：湖南大学出版社，2018.

[6]张晓春.最美乡村当代中国乡村建设实践[M].桂林：广西师范大学出版社，2018.

[7]金颖若，于开锋.乡村文化信息云服务实务[M].贵阳：贵州大学出版社，2018.

[8]战杜鹃.乡村景观伦理的探索[M].武汉：华中科技大学出版社，2018.

[9]孙凤明.乡村景观规划建设研究[M].石家庄：河北美术出版社，2018.

[10]王党荣.传统文化回归美丽乡村环境规划设计[M].石家庄：河北美术出版社,2018.

[11]忽培元.解读大荔美丽乡村建设文集[M].成都：四川科学技术出版社，2018.

[12]韩琳琳.乡村建设中的女性参与现状及对策研究[M].长春:吉林大学出版社,2018.

[13]孔祥智.乡村振兴的九个维度[M].广州：广东人民出版社，2018.

[14]谭砚文，倪根金，陈志国.乡贤、宗族与当代乡村文化建设研究[M].北京/西安：世界图书出版公司，2019.

[15]徐月萍，张建琴.乡村振兴背景下乡村群众文化阵地建设[M].南昌：江西高校出版社，2019.

[16]叶俊.基于旅游人类学角度的乡村旅游文化建设研究[M].北京:九州出版社,2019.

[17]王浩.美丽乡村建设背景下苏南传统村落文化资源保护与开发研究[M].南京：河海大学出版社，2019.

[18]方国武.乡村振兴视域下的乡村文化本体性建设基于安徽实践的研究[M].北京：中国农业出版社，2019.

[19]叶培红.文化乡村[M].石家庄：河北人民出版社，2019.

[20]萧淑贞.生态乡村[M].石家庄：河北人民出版社，2019.

[21]郑忠民.乡村空间[M].杭州：浙江摄影出版社，2019.01.

[22]黄志友,崔国辉.乡村振兴探索丛书有机乡村[M].石家庄：河北人民出版社,2019.

[23]洪辉煌.乡村记忆文化与现代教育论文选刊[M].福州：海峡文艺出版社，2019.

[24]李德虎.现代乡村社会治理体制建设研究[M].成都：四川大学出版社，2019.

[25]李卫东.乡村休闲旅游与景观农业[M].北京：中国农业大学出版社，2019.

[26]郭广辉.乡村法治建设研究[M].北京：中国检察出版社，2019.

[27]焦爱英,郭伟.乡村文化产业发展与天津的实证研究[M].北京:中国铁道出版社，2019.

[28]张芬.乡村振兴战略下乡村文化建设研究[M].长春：吉林大学出版社，2020.

[29]周宇飞,张国政.农民工返乡创业与新时代乡村文化建设耦合机制研究[M].北京：经济管理出版社，2020.

[30]蒲安英,胡亚权.乡村文化振兴丛书 旺家媳妇[M].兰州：甘肃教育出版社，2020.